KB209182

프로테스탄트의 기도

이 도서의 국립중앙도서관 출판시도서목록(CIP)은
서지정보유통지원시스템 홈페이지(http://seoji.nl.go.kr)와
국가자료공동목록시스템(http://www.nl.go.kr/kolisnet)에서
이용하실 수 있습니다. (CIP제어번호 : CIP2020034558)

이 한국어판의 저작권은 (주)타임교육 C&P에 있습니다.
신 저작권법에 의해 한국 내에서 보호받는 저작물이므로
무단전재와 복재를 금합니다.

프로테스탄트의 기도

마르틴 루터 지음 · 최주훈 엮고 옮김

비아
VIA

| 차례 |

일러두기

· 역자 주석의 경우 *표시를 해 두었습니다.

· 본문의 기도 관련 글과 기도문은 모두 바이마르판Weimar Ausgabe:
  WA 루터 전집에서 발췌했고 역주에 출처를 밝혔습니다. 전집 중 저
  술 및 저작은 학계에서 통용되는 대로 WA, 탁상담화는 WA TR, 편
  지는 WA BR로 표기했습니다.

· 성서 표기와 인용은 원칙적으로 대한성서공회판 『개역개정판』(1998)
  과 『새번역』(2001)을 맥락에 따라 혼용했으나 루터가 쓴 원문과 지
  나치게 차이가 날 경우에는 원문을 옮겼음을 밝힙니다.

· 단행본 서적의 경우 『 』표기를, 논문이나 글의 경우 「 」표기를 사용
  했으며, 이해를 돕기 위해 원문에 없는 내용을 역자가 덧붙인 경우
  [ ] 표기를 사용했습니다.

기도 없는 저항은 공허하며, 기도 없는 개혁은 거품이다.

편역자 서문

마르틴 루터Martin Luther(1483~1546)의 기도 글을 모아『프로테스탄트의 기도』라는 이름으로 내놓는다. 흔히 루터는 '기도의 사람'으로 불린다. 물론 그리스도교 역사에서 '기도의 사람'으로 불린 사람은 수도 없이 많다. 길게 기도한 사람, 응답 잘 받은 사람, 독특한 기도를 드린 사람 등 그종류도 다양하다. 하지만 루터의 위치는 그중에서도 각별하다. 나는 바이마르판Weimar Ausgabe: WA 루터 전집에서 기도 관련 글과 기도문들을 선별하고 번역하는 과정을 통해 이를 점차 뚜렷하게 감지했다. 이 책의 제목을 단순히『마르틴 루터의 기도』, 혹은『루터의 기도』라고 붙이지 않은

것도 이 때문이다. 『프로테스탄트의 기도』라는 제목은 루터의 기도 습관, 기도에 대한 이해, 그리고 기도의 성격을 좀 더 분명하게 보여준다.

'프로테스탄트'Protestant라는 용어는 1529년 슈파이어 제국의회에서 루터의 개혁을 지지하는 사람들, 가톨릭에 '저항하는 이'들을 뜻하는 말에서 유래했다. 그렇기에 프로테스탄트라는 말에는 본래 조롱과 비하의 의미가 담겨 있다. 하지만 루터를 따르는 이들은 이 모욕적인 말을 오히려 일종의 영예로 받아들였으며 자신들을 가리킬 때 적극적으로 활용했다. 그 결과 프로테스탄트는 비단 타락한 당대 교회에 '저항'할 뿐 아니라, 신앙의 본질을 가리거나 왜곡하는 모든 외적 형식, 그리고 내면의 성향을 철저하게 경계하고, 또 '저항'하는 개신교의 핵심 정신을 뜻하게 되었다. 종교개혁을 특징짓는 내용 없는 형식주의 및 제도를 향한 강력한 비판과 개김, 그리고 내면에서 일어나는 우상화에 대한 철저한 '저항'은 이유 없는 저항이 아니라 복음을 통해 힘을 얻고, 삶이 뒤바뀌고, 자유롭게 된 이들의 필연적인 실천이다. 그리고 이 힘을 길어내는 통로가 바로 '기도'다. 루터가 자신의 신학 방법론을 세 가지로 설명하면서 '기도'Oratio를 가장 먼저 언급한 것은 이 때문이다.* 외면과 내면 모두를 향한 프로테스탄트의 저항은 기도의 바탕 위에서 이루어진다. 기도 없는 저항은 공허하며, 기도 없는 개혁은 거품이다.

기도의 사람

루터의 기도 습관은 널리 알려졌다. 그가 "매일 아침 두 시간씩 기도했고, 할 일이 너무 많은 날은 평소보다 한 시간 더 많은 세 시간씩 기도했다"는 E. M. 바운즈E. M. Bounds의 말에는 약간의 오해와 과장이 섞여 있지만 실제로 루터가 열성적으로 기도를 드렸다는 사실은 거짓이 아니다. 그의 기도 습관은 1505년 에르푸르트 아우구스티누스 수도회에 들어간 이래로 1523년까지 이어진 수도사 생활을 통해 형성되었다. 엄격하기로 소문난 이곳의 생활은 루터의 기도를 이해하는 좋은 출발점이 된다. 그가 속해 있던 수도원의 하루 일과표는 어렵지 않게 재구성할 수 있다.

한국 개신교회에서는 보통 5~6시 정도에 새벽 기도회를 시작하지만, 루터가 몸담고 있던 아우구스티누스 수도

---

* WA 50, 657~661. (1539년 9월 29일) 독일어 전집 비텐베르크판 서문.

원의 일과는 새벽 2시가 되기 직전 울리는 첫 번째 종소리와 함께 시작된다. 첫 번째 종이 울리면 벌떡 일어나 십자성호를 긋고, 발목까지 오는 긴 흰옷Robe을 후다닥 갈아입고, 그 위에 소매 없이 앞뒤로 걸쳐 입는 겉옷Scapula을 착용한 다음 침상에 앉아 두 손 모아 경건히 기도하며 두 번째 타종을 기다린다. 몇 분 뒤 다시 종이 울리면, 각 방에 있던 수도사들은 회랑에 나와 천천히 행진하며 예배당에 들어가 성수를 자기 몸에 뿌리고 제대 앞에 나가 무릎을 꿇고 헌신의 기도를 올린다. 이것이 수도원 일과의 시작인데 오전 2시에 시작한 기도회는 기상부터 약 45분간 진행된다. 취침시간을 제외하고도, 아우구스티누스회 수도사는 거의 세 시간마다 진행되는 기도회에 참여해야 했다.*
기도회와 기도회 사이에는 노동, 탁발, 강좌, 식사 시간이 배정되었고, 매주 금요일과 특정 교회 축일엔 전일 금식과 더불어 특별 기도가 있는 등 매우 고단한 일정이었다.

기도와 미사는 수도회에서 가장 중요한 활동이었기 때문에 수도사들은 규율상 시간과 횟수를 정확하게 지켜야 했다. 이를 통해 수도사들은 속세를 떠나 천상과 더욱 가

---

* WA 30/I, 125, 17~21, WA 42, 511, 28f. 마르틴 루터, 『대교리문답』(복있는 사람, 2017), 27.

까워지는 경험을 한다고 여겼다. 이러한 수도원 규율과 거기서 훈련받은 기도 생활은 루터의 몸에 배어 쉽사리 사라지지 않았다. 그런데 문제는 루터가 이러한 기도 생활에 점점 의심을 품게 되었다는 대목이다. 루터가 들어간 수도원에서 '기도는 하나님과 화해하고 구원받는 수단'이라고 가르쳤지만, 역설적이게도 기도를 열심히 하면 할수록 그의 불안감은 더욱 심해졌다. '과연 내 기도의 양과 횟수가 구원받을 만큼 충분한 것인가?'

당시 수도원은 기도 시간을 완벽히 채우지 못하거나 정해진 기도 시간을 그냥 넘겨버리는 것을 '죄'로 여겼다. 지금 말로 하자면, '새벽 기도회 빠지면 지옥 간다'는 말과 유사한 것 같다. 루터는 순진했고, 이 문제를 매우 심각하게 받아들였다. 하지만 수도원에서 정한 기도 시간을 정직하게 모두 채우는 건 루터에게 물리적으로 불가능했다. 그는 단순한 수도사의 직무뿐 아니라 1507년 5월 2일부터 미사 집례와 강의 직무를 부여받은 '사제'였기 때문에 강의 준비로 인해 정해진 기도 시간을 채우기 버거웠다. 이런 이유로 밤새워 기도하는 일도 많았고, 주말이 되면 밀린 기도 시간을 채우기 위해 온종일 골방에 박혀 있어야 하는 경우도 잦았다. 루터는 이 시기를 이렇게 회고한다.

나는 내 방에 처박혀 나에게 주어진 기도 시간을 모두 채우기 전까지 아무것도 먹거나 마시지 못했습니다. 이것 때문에 어떤 때는 5일 동안 잠을 자지 못해 미치는 줄 알았습니다.*

수도사 루터에게 기도란 지긋지긋하더라도 반드시 채우고 수행해야 할 그런 종교적 과제일 뿐이었다. 3개월 치 기도 시간이 밀린 적도 있었다. 그러자 이런 고백을 하게 된다.

기도 시간을 채우는 일은 이젠 솔직히 감당할 수 없는 짐이 되었습니다. 그렇게 난 기도를 포기할 수밖에 없었습니다.**

기도 시간을 빼먹는 일은 루터에게 점점 양심의 짐이 되어 갔다. 한 예로, 1515년 비텐베르크 대학교 교수 진급 문제로 기도 시간을 지킬 수 없었던 적이 있었는데, 그날 밤 폭풍우가 몰아치며 천둥소리가 진동하자 기도 시간을 빼먹어 하늘이 진노한 줄 알고 두려움에 떨었다고 회고하기도

---

* WA TR 1, 220, Nr. 495.

** WA TR 5, 148, Nr. 5428.

했다.* 이런 식으로 수도사 루터에게 기도 시간을 채우는 것은 영혼을 질식시키고 옭아매는 족쇄가 되어 갔다. 1520년 그는 이러한 기도는 복음의 자유와 아무런 상관이 없음을 깨닫게 된다.

이후 루터는 이러한 기도 시간 때우기와 영영 이별했다.** 그렇다고 그가 기도를 게을리했다는 건 아니다. 수도사 시절 몸에 익힌 기도 습관은 이전과 다른 방식과 내용으로 그의 일상을 수놓게 된다. 예를 들어, 그의 『대/소교리문답』(1529)에서 볼 수 있듯, 신자들에게 아침저녁으로 기도할 것을 권하는 대목은 수도사의 기도 습관이 프로테스탄트에게 어떤 식으로 변화될 수 있는지 보여주는 적절한 예다.*** 그의 기도는 시간과 규율, 형식에서 자유롭다. 그러나 '거룩하신 주님 앞에 서 있는 단독자인 동시에 교회 공동체의 일원'이라는 의식과 기도가 '말씀과 결합되어야 한다'는 원칙은 이전보다 더 확고해졌다. 이 특징이 종교개혁을 추진할 수 있었던 '프로테스탄트 원리'와 맞닿아 있다. 그리고 이 프로테스탄트의 정신은 '권위에 대한 믿음

---

* WA TR 4, 580, Nr. 4919.
** WA TR 5, 474~475, Nr. 6077.
*** WA 30/I,125.

을, 믿음에 대한 권위로' 돌려놓는 종교개혁의 역사를 만들었다. 이러한 이유로 루터의 기도는 단순히 한 개인의 기도를 넘어 모든 프로테스탄트를 대표하는 기도라고 할 만하다.

구조

책을 기획하는 단계에서만 하더라도 루터의 기도문만 선별해서 편역할 생각이라서 '일상의 기도'와 '예배 기도문'만 준비하려고 했다. 그런데 작업을 하다가 그의 기도에서 풍기는 독특한 프로테스탄트의 감성을 독자에게 전하고 싶어 기도문 모음집 앞에 해설을 마련하게 되었다. 해설의 가장 좋은 방법은, 여러 말 대신, 루터가 직접 남긴 글을 읽어보는 게 최선이다. 그래서 그가 남긴 여러 기도 해설 중에서 네 가지 글을 선별하여 이 책 전반부에 실었다. 첫 번째 글은 「좋은 친구 이발사 페터에게 보내는 편지」(1535)인데, 전문을 모두 번역해서 실었다. 이 글은 '(좋은 친구에게 소개하는) 단순한 기도법'Eine einfältige Weise zu beten: Für einen guten Freund이라는 부제가 붙어있는 덕에, 기도하는 방법을 구체적으로 알고 싶어 하는 전 세계 그리스도교인들에게 사랑받는다. 위대한 개혁가가 평범한 이발사 친구에게 사랑을 담아 보내는 이 편지 전문을 통해 독자들은 프로테스 탄트의 기도가 어떤 것인지, 어떻게 기도해야 하는지 손에 쥘 수 있을 만큼 분명하게 알게 될 것이다. 두 번째 글은 개신교 최초의 교리문답서로 알려진 『대교리문답』(1529)에 서 발췌했다. 이 글은 주기도문 해설 서문에 해당하고, 이 를 통해 기도의 필요가 주님의 약속과 계명에 근거하고 있 다는 것을 짚어볼 수 있다. 세 번째 글은 종교개혁을 추진 하는 과정에서 매우 중요한 전기를 마련했던 시찰단 지침 서(1529)에서 발췌했다. 이 글을 통해 독자들은 기도가 목 회자/사목자의 직무에서 얼마나 중요한지 확인할 수 있을 것이다. 네 번째는 루터의 서신과 탁상담화에서 발췌한 글 들이다. 서신과 탁상담화는 루터의 다른 글들에 비해 매우 개인적인 기록들이다. 탁상담화의 경우 간혹 위작 논란이 있긴 하지만, 그럼에도 루터가 그의 동료들과 나눈 대화의 분위기를 통해 기도에 대한 그의 생각을 여과 없이 엿볼 수 있게 해 준다는 점에서 훌륭한 유산이라 할 수 있다. 후 반부에 루터의 개인 기도와 실제로 예배에서 사용되는 공 식 기도문들을 덧붙였다. 참된 프로테스탄트란 주님 앞에 홀로 선 단독자인 동시에 함께 있는 공동체의 일원이라는 의식이 이 기도들에 고스란히 담겨있다.

모두 그런 것은 아니지만, 루터의 기도를 다룬 일부 한글 번역서는 출처 표시가 매우 조악하다. 출처가 정확하지 않은 탓에 진위가 의심스러울 때도 있어서 연구자들에게 골칫거리가 되곤 했다. 이런 이유로, 이 책에 담긴 글과 기도문은 모두 출처를 표기했고, 가능하면 1차 자료에 속하는 루터 전집 바이마르판에서 인용했음을 밝혀 둔다.

　　일차적으로 루터의 기도 해설과 기도문은 종교개혁을 따르는 개신교회의 소중한 유산이지만, 그리스도교계의 상호 교류가 이루어지고 있는 지금 그리스도교계 전체의 유산이라고 보아도 부족함이 없다. 복음 대신 율법을, 내용 대신 형식을, 은총을 통한 참된 자유보다는 불안에 떨면서 자의적인 방종을 택하려는 성향은 오늘날 교회와 신자가 휘말릴 수 있는 유혹이며 예수를 그리스도로 고백하는 모든 이는 마땅히 이 유혹에 저항해야 하기 때문이다. 이 책이 이 저항의 길을 택한 모든 프로테스탄트의 신앙 여정에 작은 도움이 되기를 바란다.

2020년 8월

최주훈

기도란 무엇인가?

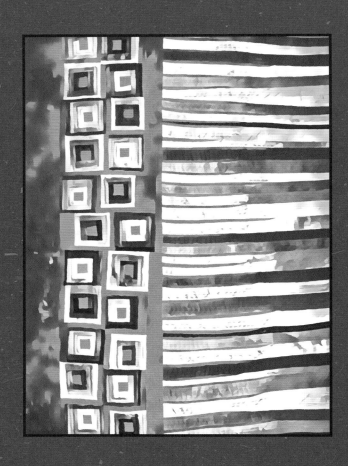

저는 감히 눈을 들어 당신을 바라보지도,
두 손 모아 당신께 간구하지도 못하겠습니다.
그러나 당신은 무엇이든 간구하라 명하셨고,
그 기도에 귀를 기울이겠다고 약속하셨습니다.

좋은 친구 이발사 페터에게 보내는 편지*
— 간단한 기도법 —

사랑하는 페터,

기도하는 방법을 알려준다고 했는데, 이제야 글을 보내네. 이 편지는 내가 평소에 기도하는 방법을 쓴 것이네. 우리 주님의 도움으로 자네를 비롯한 모든 사람이 기도를 더 잘할 수 있길 바랄 뿐일세. 아멘.

가장 먼저 해 줄 이야기는 잡생각이 들고 심란해서 기도할 마음도 들지 않을 때 기도하는 법이네. 우리의 육신과 마귀는 온갖 방법을 동원해 기도를 방해한다네. 이럴 때가 오면 난 그 즉시 간단한 시편이라도 집어 들고 골방으로 들어가든지 교인들이 모여 있는 교회로 뛰어가 시간이 허락하는 한 거기서 시간을 보낸다네. 그리고 십계명,

---

* WA 38, 358~375.

사도신경으로 시작해서 주기도문을 한 구절 한 구절 묵상한다네. 더 시간이 주어지면 복음서나 바울 서신, 혹은 시편을 읽는데 이때 중요한 건, 어린아이처럼 또박또박 소리 내어 읽어야 한다는 점일세.

무엇보다 좋은 습관은 아침에 깨어나 기도로 하루를 시작하고, 밤엔 잠자리에 들면서 기도로 하루를 마무리하는 것이네. 이때 매우 조심해야 할 것이 있는데, 이런 잘못된 생각일세. '아, 이거 마치는 데 한 시간도 안 걸릴 텐데, 이 일만 마치고 기도해야지.' 이런 생각이 결국은 다른 일에 정신을 쏟게 해서 기도를 멀리하게 만들고, 그날 기도를 아예 못하게 만든다네.

기도만큼 중요하거나 더 중요한 일이라고 생각되는 일이 갑자기 생길 수도 있네. 성 히에로니무스Hieronymus*가 이렇게 말한 적이 있는데, 한 번 들어보게나.

신앙인이 하는 일은 무엇이든 기도다.**

---

* 에우세비우스 히에로니무스Eusebius Hieronymus(347년경~420년)는 라틴 교부로서 라틴어 성경인 불가타Vulgata의 번역자다.

** 비교. 히에로니무스의 마태 11장 25절 주해. Hieronymus, *Commentar in Matth.* lib. IV, Matth. 11:25 (Migne 26, 186) 참조.

또 이런 말도 있지.

성실하게 일하는 사람은 기도를 두 배로 하는 것이다.

무슨 근거로 이런 말을 했는지 생각해 보게나. 믿음의 사람은 평소에도 주님을 경외하는 마음으로 일하지 않는가. 이런 사람은 그분이 주신 계명을 명심하고 있기에 부당한 일을 행하거나, 도둑질하지 않고, 사특한 이익을 도모하지 않고, 그런 걸 남에게 시킬 생각도 않는다네. 그래서 '성실하게 일하는 사람은 기도를 두 배로 하는 것'이라는 말은 우선 그 계명을 새겨 실천하기 때문에 첫 번째 기도가 되는 것이고, 그 삶이 주님께 바치는 찬양의 제사가 되기에 두 번째 기도, 즉 곱절의 기도가 된다는 뜻이라네.

이런 진리와 정반대되는 이야기도 해야겠네. 믿지 않는 사람이 하는 일은 모든 게 저주라네. 그 사람이 하는 일은 모두 곱절의 저주로 임하지. 이런 사람은 자기가 하는 일은 모두 혼자서 다 할 수 있다고 확신하며 살기 때문에 주님은 안중에도 없다네. 이런 태도야말로 주님을 무시하고 그분의 계명을 범하는 일이지. 계명이 없으니 이웃에게 부당한 일도 서슴지 않고, 자기 소유를 위해서라면 도둑질도

마다하지 않고 그 일에 집착하게 되는 걸세. 주님과 이웃 사랑을 거스르는 생각이 첫 번째 저주이고, 그렇게 행동하는 게 두 번째 저주 아니겠나? 이런 사람은 스스로 저주에 빠지게 되는 걸세. 결국, 거지나 건달 꼴이 되고 말 거야.

규칙적인 기도 생활과 관련해 그리스도께서는 누가복음(11:9~13, 살전 5:17)에서 말씀하셨다네.

쉬지 말고 기도하라.

죄와 그릇된 삶을 늘 경계해야 하네. 하지만 그러한 일조차 계명을 가슴에 새겨 주님을 두려워하지 않는다면 불가능한 일일세. 시편 1편은 이렇게 노래하지.

오로지 주님의 율법을 즐거워하며
그의 율법을 주야로 묵상하는도다. (시 1:1~2)

여기서 주의해야 할 게 있네. 바른 기도 습관이 깨지지 않도록 힘쓰는 일은 물론이고, 그와 더불어 그다지 중요하지도 않은 일을 중요하다고 착각하는 일이 없도록 유념해야 하네. 그렇지 않으면 기도 생활이 태만해지고 게을러져서 냉담하고 매사에 의욕 없는 사람이 되고 말지. 마귀는 우리 곁에서 부지런히 일한다네. 그 마귀가 우리의 육체를 공격해서 기도의 영을 거슬러 죄를 범하도록 끊임없이 유혹하고 있다는 걸 명심하게.

소리 내어 말씀을 읽다가* 가슴이 뜨거워지고 거기에 빨려 들어가는 체험을 하면, 무릎을 꿇거나, 서서 두 손을 하늘 향해 활짝 펴고 속으로 기도하든지 아니면 소리 내어 기도해 보게. 그리고 가능하면 여기 소개하는 짧은 기도문을 따라 해보게.

오, 거룩하신 아버지,

당신은 사랑의 주님입니다.

저는 보잘것없는 죄인입니다.

저는 감히 눈을 들어 당신을 바라보지도,

두 손 모아 당신께 간구하지도 못하겠습니다.

그러나 당신은 무엇이든 간구하라 명하셨고,

그 기도에 귀를 기울이겠다고 약속하셨습니다.

당신의 사랑하는 아들 예수 그리스도를 통해

---

* 앞서 언급한 대로, 기도를 위해 십계명, 사도신경, 주기도문을 소리 내 읽거나 암송하는 것을 뜻한다.

어떻게 그리고 무엇을 기도할지 가르치셨으니,

저는 그 약속과 말씀에 순종하여 당신 앞에 나옵니다.

당신께서 가르쳐 주신 대로, 모든 성도와 더불어

나의 주 예수 그리스도의 이름으로 기도합니다. 아멘.

주님 가르치신 기도

자, 이제 경건한 마음으로 '하늘에 계신 우리 아버지'로 시작해 한 구절 한 구절 깊이 새기며 이렇게 시작해보세.

당신의 이름을 거룩하게 하시며

주기도의 첫 번째 간구는 "당신의 이름을 거룩하게 하시며"인데, 이런 식으로 기도해 보게.

네, 맞습니다. 주님, 당신은 사랑의 아버지입니다.

당신의 이름이 거룩하게 높여지길 기도합니다.

저 자신과 모든 세상 안에서 그렇게 되길 기도합니다.

세상은 지금 무참히 깨지고 갈라져

제 잘난 맛에 우상을 만들어 갑니다.

투르크의 이단들과 교권주의자들,

거짓 교사와 열광주의자들이

당신의 이름을 오용하며 수치스럽게 사용합니다.

그들은 그렇게 당신의 이름을 한껏 모욕합니다.

그러면서 당신의 말씀과 교회의 계명을

제대로 가르치고 있다며 가증스레 자랑합니다.

그러나 실제로는 마귀의 거짓 술수를 이용해

가련한 영혼들을 노련하게 유혹하고,

무고한 이들의 피를 빼내고

죽이는 박해를 일삼습니다.

그러면서도 자기들이야말로

주님을 제대로 섬기고 있다고 말합니다.

사랑의 주님,

이들을 돌이켜 세워 주시고, 막아 주소서.

돌이켜야 할 사람을 돌려세워서

우리가 그들과 함께 참되고 순수한 가르침을 받아

선하고 거룩한 생활로 당신의 이름을 찬양케 하소서.

변화되기를 꺼리는 이들을 막아 주소서.

그들은 당신의 가르침엔 귀 기울이지 않으면서

당신의 이름을 오용하기만 합니다.

그들이 당신의 이름을 더럽히며 가련한 이들을

속이고 부추기지 않도록 이들을 막아 주소서. 아멘.

당신의 나라가 임하시오며

두 번째 간구는 "당신의 나라가 임하시오며"라네. 이렇게 기도해 보게.

오, 사랑의 주 아버지!

당신은 지금 세상에서 현명하고 이성적이라는 사람들이

당신의 이름을 어떻게 더럽히고 있는지

잘 보고 계십니다.

그들은 지금 당신께 올려야 마땅한 영광을

가로채 거짓과 마귀에게 바칩니다.

당신 뜻을 온전히 받들어

세상을 잘 다스리라고 주신

힘과 권세, 재물과 영광을

당신의 나라를 거스르고 맞서며

사리사욕을 채우는데 오용하고 있습니다.

이런 것을 두고 세상에선 지혜요,

이성적이라고 칭송합니다.

그들은 수도 많고 강력합니다.

게다가 배불리 먹어 살집도 좋고 퉁퉁합니다.

그런데 당신 나라의 백성은

너무 적고 연약하고 위축되어 있습니다.

그러니 저들이 우리를 멸시하고

괴롭히며 훼방합니다.

가련한 사람들을 괴롭히면서

자기들이야말로 주님을 가장 잘 섬기는

사람이라고 착각합니다.

사랑의 주 아버지!

이들을 돌이켜 세워 주시고, 막아 주소서.

이들을 돌이켜 당신 나라의 자녀와 지체가 되게 하소서.

그리하여 그들이 우리와 함께

진정한 믿음과 거짓 없는 사랑으로 당신을 섬기며,

이미 시작된 당신의 나라를 통해

영원한 나라로 들어가게 하소서.

그러나 주님,

힘과 권세를 엉뚱하게 사용하는 이들은 막아 주소서.

그들은 당신의 나라를 파괴하는 데만

힘을 사용합니다.

그들이 눌러앉아 있는 권좌에서 쫓겨나기까지

이 일은 계속될 것입니다.

이처럼 불경한 이들로부터 우리를 막아 주소서. 아멘.

당신의 뜻을 이루소서

　세 번째 간구는 "당신의 뜻을 이루소서"라네. 이번에도 이렇게 기도해 보게.

　　오, 사랑의 주 아버지,
　　당신은 세상이 당신의 이름을 어찌하지 못한다는 것과
　　당신의 나라에 흠집 하나 내지 못한다는 것을
　　잘 아십니다.
　　그런데도, 세상은 온종일 악한 음모와
　　계획을 만드느라 은밀히 모이고,
　　서로 부추기며 작당하고,
　　화를 내고 위협하는 일을 그치지 않습니다.
　　당신은 이 모든 것을 잘 아십니다.
　　사랑의 주 아버지!
　　이들을 돌이켜 세워 주시고, 막아 주소서.
　　당신의 선한 뜻을 받아들이지 않는
　　사람들을 돌이켜 세우셔서,
　　그들이 우리와 함께 당신 뜻을 위해 살아가게 하소서.
　　어떤 불의와 십자가의 고난이 올지라도
　　당신을 위해서라면, 기쁘고 진득하게 견디며,

거기서 오는 당신의 자비와 은혜를 깨닫고

확인하며 체험하게 하소서.

그러나 주님,

화를 주체하지 못하고 격노하는 이들,

증오하고 협박하는 사람들을 막아 주소서.

이들이 욕망에 사로잡혀

끊임없이 우리를 괴롭힙니다.

이들의 사악한 계략과 속임수가

우리를 해치지 못하게 하소서.

시편 7편의 노래처럼 이 모든 악행이

그들에게 되돌아가게 하소서. 아멘.

우리에게 일용할 양식을 주시고

네 번째 간구는 "우리에게 일용할 양식을 주시고"라네.
이렇게 기도해 보게.

오, 사랑의 주 아버지,

이 짧은 세상을 살아가는 우리에게 복을 내려 주소서.

당신의 사랑하는 자녀들에게 자비로운 평화를 주시고,

전쟁과 혼돈에도 지켜주소서.

사랑하는 통치자에게도 복을 주시어

적과 맞서 승리하게 하소서.

그에게 지혜와 너른 이해심을 주소서.

그가 이 나라의 백성을

평화와 정의로 잘 다스리게 하소서.

왕과 제후와 지도자들을 위해 기도합니다.

그들에게 바른 교훈을 주셔서,

자신들이 맡은 땅과 백성들을

평온하고 선하게 보존케 하소서.

특별히 기도하기는,

이 땅을 다스리는 우리의 군주를 위해 간구합니다.

그를 도우시고 인도하여 주소서.

사악하고 거짓된 혀와 간교한 사람들에게서

그를 지켜주시어, 복되고 자비로운

통치를 이루게 하소서.

모든 백성이 그를 잘 섬기며

신실하게 순종하는 은총을 허락해 주소서.

시민이든 농부든 상관없이 여기 사는 모든 사람이

당신을 경외하며 서로 사랑하고 신뢰하며 살게 하소서.

좋은 날씨와 풍성한 열매 주시길 간구합니다.

우리가 살아가는 집과 뜰,

아내와 자녀도 당신께 맡깁니다.

우리를 선하게 도우사 모두가 그리스도인으로

온당히 살아가며 자라게 하소서.

우리를 해치고 훼방하려는

모든 사악한 무리와 악한 천사를 막아 주시고,

우리를 지켜주소서. 아멘.

우리가 우리에게 죄지은 자를 용서하여 준 것같이 우리 죄를
용서하여 주소서

다섯 번째 간구는 "우리가 우리에게 죄지은 자를 용서
하여 준 것같이 우리 죄를 용서하여 주소서"라네. 이렇게
기도해 보게.

오, 사랑의 주 아버지,

우리를 심판의 자리로 내몰지 마소서.

그리하면 그 누구도 당신 앞에 살아남을 자가 없습니다.

오, 우리의 죄를 세지 말아주소서.

우리는 영육 간에 형용할 수 없는

당신의 선하심을 덧입고 살면서도

감사를 모르고 살았습니다(시 19:12).

우리가 스스로 알고 있는 것보다 훨씬 더 많은 죄를

하루에도 셀 수 없을 만큼 지으며 살아갑니다(시 19편).

그러나 주님,

우리의 신실함과 악함의 경중을 셈하지 마시고,

오직 당신의 아들 그리스도를 통해

우리에게 선물해주신 한없는 자비를 베풀어 주소서.

우리를 괴롭히며 부당한 일을 행사했던

모든 사람을 진심으로 용서하오니,

그들에게 용서를 베풀어 주소서.

그들이 행한 못된 일들은

그들 스스로 당신의 심판을 자초한 것입니다.

이것이 그들에게 가장 큰 해가 됩니다.

그러나, 주님,

저들이 파멸된다고 우리가 더 나은 삶을 살거나

도움이 되는 것도 아닙니다.

그러니 당신의 사랑으로 저들을 돌이켜

우리와 더불어 복된 삶을 누리게 하소서. 아멘.

도저히 용서할 수 없을 정도의 사람이 있다면, 우리에게 용서할 수 있는 은총을 간절히 구해야 한다네. 이것이야말로 우리가 설교를 들어야 할 이유라네.

우리를 시험에 들지 않게 하시오며

여섯 번째 간구는 "우리를 시험에 들지 않게 하시오며"라네. 이렇게 기도해 보게.

오, 사랑의 주 아버지,
우리가 깨어 활기찬 삶을 살게 하소서.
우리는 늘 다 이루기라도 한 것처럼
자기만족에 빠져있습니다.
말씀에 대한 사랑과 열정을 주시어
우리가 게으름에 빠지거나 나태하지 않게 하소서.
사나운 마귀가 늘 우리를 넘보며 놀라게 합니다.
당신의 달콤한 말씀을 거스르게 하고,
다툼과 분열로 우리를 밀어냅니다.
주님, 우리의 영육이
그런 죄와 수치에 빠지지 않게 하소서.
오직 당신의 영이 주시는 지혜와 힘을 허락하시어,
마귀와 담대히 맞서 싸워 이기게 하소서. 아멘.

다만 악에서 구하소서

일곱 번째 간구는 "다만 악에서 구하소서"라네. 이렇게 기도해 보게.

오 사랑의 주님,

저는 참으로 비참한 삶을 살아갑니다.

에베소서에서 "때가 악하다"(5:16)고 했던 바울의 말처럼,

우리 삶은 고통과 재난 위험과 불안, 원한과 불신으로

가득 차 있어 지쳐 죽을 것 같습니다.

그러나 사랑의 아버지,

당신이야말로 우리의 약점을 정확히 아십니다.

이 악한 세대 한가운데서 우리를 안전히 지켜주소서.

마지막 때가 이르면,

우리가 당신의 사랑에 기대어

기쁨과 축복 가운데

슬픔의 골짜기를 이별하게 하소서.

주님, 우리로 하여금 죽음 앞에서도

두려워하거나 낙심치 않고,

흔들림 없는 믿음 가운데

우리 영혼을 당신 손에 맡기게 하소서. 아멘.

아멘

끝으로 꼭 기억할 게 있다네. 기도할 때마다 항상 응답을 확신하며 "아멘"해야 하네. 주님이 자네의 기도에 귀를 기울이고 꼭 응답하겠다고 약속하신 사실을 의심해서는 안 되네. 무릎을 꿇든지 서서 기도하든지 자네 혼자 기도하는 게 아니라네. 모든 경건한 그리스도인이 자네 곁에서, 그리고 자네 주위에서, 위로하고 용기를 더하며 기도하고 있다네. 주님은 그런 기도를 절대 무시하지 않는다네. 그리고 항상 이런 마음가짐으로 기도를 마쳐야 하네. "주님은 반드시 내 기도를 들어주신다. 나는 이것을 분명히 믿는다." 이것이 바로 "아멘"의 의미일세. 그리고 이걸 꼭 명심하길 바라네. 내가 지금껏 말한 그대로 따르라는 말이 아니네. 그렇게 하는 기도라면 공허하게 입에서 웅얼거리는 거나 다름없네. 사람들이 기도한다고 하면서 자주 그렇게 하지. 예를 들어볼까. 평신도들이 바치는 로사리오 기도나 아니면, 사제나 수도사들이 예배 의식문에 나오는 기도문 글자 그대로 반복해서 읽는 경우가 바로 그런 의미 없는 기도라네. 그런 기도는 관두는 게 낫네. 차라리 주기도문을 한 구절, 한 구절 묵상하면서 깨닫게 되는 생각이 자네 마음을 데우고, 그 깨달음을 따라가도록 자네 마음의 무게를 편안히 내려놓게.

그때야말로 기도가 다양한 모습으로 바뀌어 길어질 수도 있고, 단 몇 마디로 짧아질 수도 있다네. 나도 단어나 구절에 매여 기도하지 않는다네. 자유롭게 하게나. 오늘은 이렇게 해보고, 내일은 저렇게도 기도해 보게. 그리고 마음이 데워지고, 내 속을 비워내면서 거기에 맞춰 기도하면 된다네. 그러나 중요한 건, 할 수 있는 한, 우리의 모든 기도가 말씀에 잇대어 맞춰 가는 것이라네. 어떤 때는 하나의 간구에서 나오는 다양한 생각에 사로잡히게 될 때도 있을지 몰라. 그런 순간을 만나면, 주기도의 나머지 여섯 간구는 잠깐 미뤄둬도 상관없네. 마음의 공간을 깊은 곳에 만들어가면서 거기서 울리는 소리에 조용히 귀를 기울여 보게나.

성령은 바로 거기서 말을 건네신다네. 성령을 통해 배우는 한마디 가르침이 우리가 드리는 천 번의 기도보다 낫다는 걸 알면 좋겠네. 나도 이걸 자주 깨닫곤 하지. 수많은 책을 읽고 고민하며 배운 것보다 한마디 기도에서 배운 것이 훨씬 크고 많다네. 무엇보다 중요한 것은 우리의 마음이라네. 진심으로 기도할 마음의 준비가 되었는지, 그리고 정말 기도하고픈 갈망에 사로잡혀 있는지 돌아봐야 하네.

기도하기 위해 너의 심장을 준비하라.

주님을 떠보는 사람처럼 행동하지 말라. (집회서 18:23)

이 말을 명심해야 하네. 기도하면서 엉뚱하게 헛소리나 하고 마음은 콩밭에 가 있다면 그게 주님을 시험하는 것이 아니고 무엇이겠는가! 그렇다면 이런 기도를 드리는 사제와 다를 바 없다네. "거룩하신 주님, 당신은 언제나 나의 보호자 되십니다. … (기도하다 말고) 애, 꼬맹아! 그거 잘 묶어 놨냐? … 주님, 당신은 언제나 나의 도움이십니다. … 애, 하녀야! 밖에서 소 젖 좀 짜야지. 성부와 성자와 성령께 영광을 돌립니다. … 이런 젠장! 야, 빨리 못 해!"

이런 기도들은 내가 교권 제도에 매달려 있을 때 자주 듣고 경험했던 일이라네. 거기 매달려 사는 사람들이 하는 기도는 늘 이런 식일세. 그런데 이것이야말로 주님을 조롱하는 것일세. 기도할 생각도 없고 마음에도 없는 그런 기도를 할 바에야 차라리 그 시간에 밖에 나가 뛰어노는 게 훨씬 낫네.

유감스럽지만, 나도 당시엔 그런 식으로 하루를 보냈다네. 어떤 때는 잠도 안 깨 정신 몽롱한 상태에서 기도회 의식문에 정해진 시편을 읽고 기도가 끝나 버린 적도 있었지. 물론 모든 사람이 다 앞서 말한 사제처럼, 기도하다 말고 불쑥불쑥 말하고 일과 기도를 뒤섞어버리는 건 아니지만, 우린 누구나 마음속에서 이와 비슷하게 이리저리 왔다 갔다 하는 일이 생긴다네. 그러다 보니, 기도가 다 끝나면 무슨 기도를 했는지 무슨 말을 했는지 도무지 알지 못하는 것이지. '주님을 찬송합니다!_Laudate_'라며 기도를 시작해 놓곤, 곧바로 바보들의 하늘로 올라가 버리지. 냉랭하고 분주한 마음에서 생기는 영혼의 혼란을 제어하지 못하고 기도하는 태도야말로 가장 우습고 저속한 눈속임이라네. 조금 전 자기가 드린 기도 내용도 기억 못 하는 사람이라면, 그 사람의 기도가 제대로 된 기도일 수 없다는 건 확실하네. 기도가 제대로 드려진 것이라면 기도자는 자기가 기도할 때 사용한 모든 단어와 생각을 처음부터 끝까지 확실히 기억하기 마련이네.

선하고 능숙한 이발사도 이와 같지 않겠는가! 숙련된 이발사는 자기 생각과 관심, 시선을 면도날과 머리카락에 집중하고, 어디를 잘라야 하는지, 어디까지 잘랐는지 정확히 알고 있다네. 이발하면서 손님과 잡담에 빠지거나 딴생각을 하다 보면, 손님의 입이나 코, 심지어 목에 큰 상처를 낼 수 있다는 건 자네가 나보다 더 잘 알고 있지 않은가.

다 똑같지 않은가. 어떤 일을 제대로 하려면 자기가 하는 일이 무엇인지 정확히 알고 집중해야 한다네. 그래서 이런 격언도 있다네.

> 생각이 너무 많으면 아무것도 생각 안 한 것이고,
>
> 어떤 일도 제대로 하지 못한다.

좋은 기도란 마음을 집중하고, 하나로 모은 기도라는 사실은 아무리 강조해도 지나친 말이 아니라네.

짧게 요약했지만, 이게 내가 주기도문으로 기도하는 방법이네. 난 늘 이렇게 기도하고 있다네. 나이 먹은 어른이지만, 나는 지금도 어린아이가 엄마 젖을 찾아 먹고 마시듯 그렇게 갈망하며 주기도로 기도한다네. 나에게 주기도는 시편과 비교 할 수 없을 만큼 훌륭한 기도의 선생님이라네. 이건 참으로 진실이라네. 최고로 훌륭한 선생(그리스도)이 이 기도를 만들어 가르치셨기 때문이지. 이렇게 고귀한 선생님이 주신 기도를 불경한 방식으로 의미 없이 주절거리고 있다면 그야말로 뒷목 잡고 쓰러질 노릇 아니겠는가. 한 해에 수천 번씩, 천 년 동안 그렇게 기도한들 그렇게 계속 기도한다면, 그런 사람은 주기도의 맛을 단 한 번도 맛보지 못한 것이고, 아예 기도 안 한 것이나 다름없다네. 주님의 이름과 말씀이 그런 식으로 오용되고 있으니, 말하자면, 주기도는 이 땅에서 가장 참혹한 순교자인 셈이지. 많은 사람이 그렇게 주기도를 멸시하고 오용하는 탓에, 아주 적은 사람들만 제대로 기도하면서 거기서 나오는 위로와 기쁨을 누린다네.

십계명

주기도문으로 기도하고도 시간이 되면, 십계명으로 계속 기도해 보게나. 주기도와 마찬가지로 십계명의 순서를 하나하나 따라가되, 틀에 얽매일 필요는 없네. 나는 십계명의 각 계명이 네 겹의 의미가 담긴 것으로 이해한다네. 그래서 각 계명을 묵상하며 기도할 때 화관을 네 가닥의 줄기로 엮어가는 마음으로 기도한다네.

계명이란 것 자체가 '가르침' 아니겠는가? 그래서 나는 십계명으로 기도할 때, 가장 먼저 하는 일이 있다네. '각각의 계명에 담긴 주님의 가르침이 무엇일까'하는 생각부터 시작하는데, 주님이 이 계명을 통해 나에게 무엇을 요구하고 계신지 깊이 돌아보는 것이지. 두 번째 단계는 각각의 계명을 묵상하며 나에게 감사 제목이 무엇인지 깊이 생각해 본다네. 세 번째는 이 계명에 비추어 진실하게 참회하는 것이고, 마지막은 앞서 언급했던 생각과 깨달음을 가지고 입으로 소리 내어 기도하는 것이라네. 이런 식으로 한 번 해보게.

제1계명

나는 너의 주 …. 나 외에 다른 신을 네게 두지 말라.

첫 번째 계명을 묵상하면서 제일 먼저 생각해야 할 것은, 마음을 다해 주님을 신뢰할 것을 요청하고 있다는 것, 그리고 이 계명을 가르치는 주님이 바로 내가 의지하는 나의 주님이라는 사실일세. 영원한 구원을 위해 그분을 확실하게 붙잡아야 한다네. 다른 어떤 것도 그분을 대신할 수 없네. 부, 명예, 지혜, 권력, 거룩하게 보이는 것, 다른 그 어떤 것도 마찬가질세.

둘째, 나는 주님의 한없는 사랑에 감사한다네. 그분은 내가 죄에 빠져 곤경에 처했을 때조차 아버지 같은 자비로 나의 마음에 찾아오셨고, 내가 요구하거나 매달리지 않았는데도 대가를 바라지 않고 나를 보살피고 도와주며 힘을 주셨다네. 만일 주님이 우리가 알아들을 언어로 당신께서 우리의 주님 되심을 알려주시지 않았다면, 이 비참하고 가련한 인생은 여전히 우상들을 찾아 헤매고 있었을 것이네. 어떻게 이런 분께 영원히 감사하지 않을 수 있겠나!

셋째, 이 첫째 계명 앞에서 나의 큰 죄와 불순종을 참회하고 고백하지 않을 수 없다네. 주님은 나에게 귀한 가르침과 값진 선물들을 주셨지만, 나는 늘 이 사실을 소홀히 여기고 무시하며 살았네. 게다가 주님이 아닌 다른 것을 주님처럼 받드는 우상숭배를 헤아릴 수 없을 만큼 많이 했으니, 주님의 폭풍 같은 진노가 내게 임해야 마땅하네. 나는 이 모든 죄와 불순종을 참회하고 고백하며 그분의 은총을 간구한다네.

넷째, 나는 이렇게 기도한다네.

오 나의 주님,

당신의 은총으로 저를 도우소서.

날마다 당신의 계명을

더 잘 배우고 이해하게 하셔서,

흔들리지 않는 신뢰 가운데

그 계명을 따라 살게 하소서.

주님, 저의 마음을 지켜주소서.

다시는 당신의 은총을 잊거나

불충한 삶을 살지 않게 하소서.

땅 위에 있는 것이나,

땅 아래 있는 어떤 피조물에도

매달려 위로를 찾지 않게 하소서.

거룩하신 사랑의 주 아버지

오직 유일하신 당신께만

나의 심장을 걸어놓고 살게 하소서. 아멘,

제2계명

너는 내 이름을 망령되게 부르지 말라.

여유가 있다면, 두 번째 계명도 네 가지로 나누어 살펴보며 기도해 보게나.

첫째, 나는 이 계명에서 주님의 이름이 존경받고 거룩하고 아름답게 간직되어야 하는 것을 배운다네. 주님의 이름을 경솔히 입에 올려 맹세하지 말고, 그분의 이름으로 저주하지 말고, 우리의 입으로 괜한 자랑을 하지 말고, 나 자신의 명예와 명성을 구하지 말고, 오직 겸손하게 그분의 이름을 부르고 기도하며 찬양하고 높여드려야 하네. 나는 이 두 번째 계명을 묵상할 때마다 이 계명을 주신 분이 바로 나의 주님이시고, 나는 그저 그분의 무익한 종이라는 사실을 유일한 기쁨과 영광으로 삼는다네.

둘째, 나는 이 두 번째 계명에 담긴 값진 은혜에 감사드린다네. 주님은 우리에게 당신의 이름을 알려주셨네. 그래서 나는 그분의 이름을 높일 수 있고, 주님의 종이자 피조물이라는 이름을 얻게 되었지. 나에게 주님의 이름은 솔로몬의 고백처럼, 의인이 피하고 보호받는 견고한 요새이자 피난처와 같다네.

셋째, 나는 참회한다네. 나는 이 계명을 생각하면서, 그동안 내가 이 계명을 거스르며 저지른 수치스럽고 부끄러운 죄들을 회개한다네. 나는 주님의 거룩한 이름을 부르고 높이며 존경하지 않았을 뿐 아니라, 나에게 주신 은총을 감사하지도 않았다네. 대신, 부끄러운 일과 죄에 빠져 헛된 맹세와 거짓말, 사기를 치며 주님을 배신하고 그분의 이름을 오용했다네. 나는 참회하며 주님의 자비와 용서를 빌 뿐이네.

넷째, 나는 이렇게 기도한다네.

주님, 저희가 이 계명을 제대로 익힐 수 있게 하소서.

당신의 이름을 거스르는 모든 사악한 악덕과 오용,

죄로부터 저를 보호하시고

감사의 마음으로 당신의 이름을 바르게 사용하며,

당신을 경외하며 높이는 삶을 살 수 있게 하소서.

앞서 주기도문에서 했던 말을 다시 한번 해야겠네. 깊은 묵상에 잠길 때 성령이 자네를 깊이 깨우치고 말씀하기 시작하신다면, 지금까지 한 설명에 매달리지 말고 그분이 자네를 어디로 어떻게 인도하시는지 조용히 귀를 기울이며 그분의 인도에 자네의 모든 것을 맡겨보게나. 그리고 그분이 자네에게 하시는 말씀을 경청하며, 그 말씀을 잊지 않도록 잘 기록해두게. 그렇게 하면, 자네는 다윗이 고백한 대로 주님의 율법 안에서 일어나는 놀라운 일들을 경험하게 될 걸세.

제3계명

안식일을 기억하여 거룩히 지키라.

첫째, 안식일은 뒹굴거리며 게으름 피우거나 육체의 즐거움을 좇으라고 주신 날이 아니라네. 안식일은 우리가 거룩하게 지키라고 제정된 날이네. 하지만 우리가 어떤 날을 특정하거나 특정한 행동을 한다고 해서 그 날이 거룩하게 변하는 건 아니라네. 우리가 무엇을 한들 거룩하게 될 수 있겠는가? 그날이 거룩하게 된다는 뜻은 그분의 거룩하고 정결한 말씀이 모든 걸 거룩하게 만든다는 뜻일세. 시간, 장소, 사람, 노동, 휴식 등 모든 것이 거룩해지는 건 바로 여기에 달려 있다네. 사도 바울이 디모데전서 4장(5절)에서 말한 대로, 모든 피조물은 말씀과 기도로 거룩해진다는 것을 명심해야 하네. 우리가 하는 모든 일도 마찬가지일세. 우리의 행동을 거룩하게 만드는 것은 그분의 말씀이라네. 그러니 안식일에 가장 중요한 것은 주님의 말씀을 듣고 묵상한 다음, 우리에게 주신 모든 걸 감사와 찬송으로 표현하고, 우리 자신, 그리고 우리가 살아가는 온 세계를 위해 기도하는 일이라네. 그렇게 안식일을 지키는 사람이 그날을 거룩하게 지키는 걸세. 안식일에 그렇게 안 하는 사람은 그날 일하는 사람보다 훨씬 못하다고 할 수 있다네.

둘째, 내가 이 계명에서 감사하는 것은 주님의 선하심과 은혜 때문이라네. 주님은 말씀과 설교를 통해 우리 생각과 마음으로는 절대 깨닫지 못할 보화를 주셨다네. 바로 이것을 안식일에 사용하도록 주신 것을 기억하게나. 주님의 말씀은 우리의 인생에 깃든 어둠을 밝힐 유일한 빛이고 생명이며 위로이고 최고의 복이라네. 이 귀한 구원의 말씀이 없는 곳엔 언제나 비참한 어둠과 거짓, 갈등과 죽음, 불행과 마귀의 지배가 가득할 수밖에 없다네. 이것을 우리는 매 순간 눈앞에서 경험하고 있지 않은가!

셋째, 나는 내가 지은 큰 죄와 감사할 줄 모르는 수치스러운 삶을 참회한다네. 나는 평생 안식일을 욕되게 보냈네. 주님의 귀한 말씀을 듣는 둥 마는 둥 무시하고, 짜증 내고, 억지로 시간을 보냈지. 그런 내가 그분의 말씀을 진실로 갈망하고 감사함으로 받아들였겠는가? 이런 식으로 살았으니, 선하신 주님이 나에게 들려주시는 설교는 허공에 붕 뜬 소리가 되었네. 오랜 시간 나는 그 귀한 보물을 아무렇지도 않게 내버리고 가볍게 여겼다네. 그런데도, 주님은 변함없이 크고 거룩한 자비로 나의 잘못을 참아주셨고, 거룩한 사랑과 변치 않는 신뢰를 말씀으로 선포하며 내 영혼을 구원으로 이끄셨다네. 주님은 이런 일을 중단하지 않으신다네. 이 때문에, 나는 참으로 회개하며 그분의 은총과 용서를 구한다네.

넷째, 자신을 위해, 그리고 온 세상을 위해 이런 식으로 기도해 보게.

사랑의 아버지,

당신의 거룩한 말씀으로 우리를 붙들어 주소서.

우리가 저지른 죄와 감사할 줄 모르는 부덕함,

그리고 게으름에 빠지지 않게 하시고,

분열을 조장하는 영과 거짓 가르침으로부터

우리를 지켜주소서.

성실하고 정직하게 추수할 일꾼인

신실하고 경건한 목회자와 설교자를

우리에게 보내주소서.

또한, 우리 모두에게 은혜를 더하사

당신의 말씀을 겸허하게 듣고 받아들이며,

그 말씀을 받들어 살며,

진심으로 감사하며 찬송케 하소서.

제4계명

네 부모를 공경하라.

첫째, 이 계명으로 거룩하신 주님이 우리의 창조주라는 사
실을 깨닫길 바라네. 그분은 육체와 영혼을 가진 우리를
얼마나 놀라운 방법으로 창조하셨는지 모른다네. 그분은

부모를 통해 그들 몸의 열매인 우리에게 생명을 주셨고, 힘을 다해 우리를 돌볼 열정을 심어주셨다네. 부모님은 성실하고 조심스럽게, 위험과 시련을 감수하면서 우리를 양육하고 교육하셨지. 우리가 주님의 창조물인 까닭에, 그분은 우리 육신과 영혼을 지금까지 겪었던 수많은 위험과 궁핍으로부터 보호하신다네. 주님은 온종일 이런 식으로 우리를 도우시며, 늘 거듭나게 하신다네. 하지만 마귀는 우리가 이런 삶을 누리는 걸 한치도 눈 뜨고 못 본다네.

둘째, 우리를 비롯하여 온 세상에 베푸신 주님의 선하신 창조를 생각해 보게. 어찌 감사하지 않을 수 있겠는가! 주님은 이 계명을 통해 인류를 보존하고 성장시키신다네. 가정과 국가가 그 대표적인 예지. [혈연을 중심으로 먹고 사는] 살림공동체Oeconomia와 [국가 또는 정부라고 불리는] 정치공동체Politia라는 그분의 두 통치 방식이 아니라면 잠시도 이 땅의 질서는 유지될 수 없다네. 정부 없이 평화도 없고, 평화가 없다면 가정이 있을 수 없고, 가정이 없는 곳엔 아이들이 태어나거나 양육될 수 없으니 부모도 존재할 수 없기 때문이지. 이 계명은 우리가 가정과 국가를 지키고 보존하며, 유지하고 성장시키는 데 힘쓰도록 명령하고 있네. 단지 우리에게만 명령하는 게 아니라, 아이들과 모든 백성에게도 가정과 국가에 순종을 명령한다네. 그러니 이 계명은 단순히 순종을 권고하는 것뿐만 아니라, 반드시 그렇게 해야 한다고 우리 모두에게 명령하는 것이네. 그리고 어떤 사소한 잘못도 얼렁뚱땅 넘어가는 일이 없도록 하는 게 이 계명의 목적이라네. 그렇게 안 하면, 이미 오래전에 모든 삶이 산산이 붕괴하였을 걸세. 생각해 보게나. 아이들이 부모와 통치자들보다 그 수가 많지 않은가? 아이들 모두 부모의 말을 거스른다면 가정은 망가질 것이고, 국가의 초석인 가정이 무너지면 온 나라가 혼란에 빠지고 황폐하게 되는 건 당연한 것 아니겠는가! 그러니 이 계명을 지킬 때, 우리에게 따라오는 유익이 얼마나 많은지 셀 수 없다는 것을 꼭 기억하게나.

셋째, 나는 참회한다네. 이 계명을 철저히 거슬러 살아온 나의 불순종과 죄를 뉘우친다네. 부모님을 공경하지도, 순종하지도 않았고, 종종 그분들의 속을 긁어 울화통을 터뜨리곤 했지. 그뿐인가? 나를 훈육하는 걸 참지 못해 욕하고, 원망하며 그분들의 선한 권고를 무시하기도 했다네. 부모님이 하지 말라는 짓과 만나지 말라는 나쁜 친구들은 또 얼마나 쫓아다녔는지 모른다네. 그런데 말이야, 주님은 그렇게 순종하지 않는 자녀들을 꾸짖기만 하는 분이 아니라, 때로는 생명도 거두어 가신다는 사실도 우린 기억해야 한다네. 부모에게 순종하지 않고 살다가 사형대 위에 세워지거나, 주님의 진노 앞에서 비극적인 결말을 맞게 되는 경우도 있어. 그래서 나는 이런 사실을 깨닫게 하는 이 계명 앞에 모든 걸 참회하며 주님의 자비를 구하며 용서를 빈다네.

넷째, 자기 자신과 온 세상을 위해 이렇게 기도해 보게.

주님,
당신께서는 가정과 국가에 풍성한
은혜의 복을 넘치도록 부어주십니다.
우리가 부모를 공경하고,
윗사람에게 순종하면서
경건하게 살아 이 복을 누리게 하소서.
삶을 방해하는 마귀의 유혹에 맞서
대항할 힘을 주소서.
우리의 집과 토지가
평화 가운데 안전하길 기도합니다.
또한 기도하기는,
나와 모든 이들이 얻을 유익과 누릴 번영이

주님께 바치는 찬양과 영광이 되게 하여 주소서.

주님, 감사합니다.

우리가 가진 모든 것은 당신이 주신 선물입니다.

여기서 한 발짝 더 나아가보세. 부모를 위한 기도를 하듯 윗사람들을 위해서도 기도해야 하네. 주님께서 이해력과 지혜를 더하셔서, 그들이 국가를 평화롭고 행복하게 관리하며 다스리게 해달라고 기도해 보게. 그들이 독재를 일삼거나 부패와 방탕으로 치닫지 못하게 지키시고, 주님의 말씀을 멸시하지 않고 무겁게 받아들여 폭력을 쓰거나 부정한 일을 하지 못하게 해 달라고 기도해야 하네. 사도 바울이 가르친 것처럼, 이런 일은 오직 기도로만 가능해. 기도로 이런 일을 안 한다면, 마귀는 궁전을 장악하고 온 나라를 혼돈과 무질서로 이끌고 말걸세.

그리고 자네는 아이들의 아버지 아닌가! 그러니 자네 부부와 자녀들, 그리고 자네 집에 속한 모든 권속을 말씀으로 거룩하게 가르치고 양육할 수 있길 바라네. 그 일을 위해서도 지혜와 힘을 달라고 기도해야 하네. 그 기도를 하는 중에, 주님이 모든 집안 사람에게 선한 마음과 뜻을 품게 하셔서 자네의 가르침을 잘 따르고 순종하길 바라는 제목도 반드시 간구해야 하네. 자녀들이 주님의 선물인 것처럼, 집안 식구가 모두 잘되는 것도 그분이 주시는 선물이야. 이 선물을 기대하며 기도해야 하네. 우리의 살림살이가 기도하면서 풍족해지고 그렇게 유지되어야 하네. 그렇지 않다면 집은 돼지우리나 마찬가지가 될 것이고, 어리석은 불한당들이 득실거리는 악의 소굴이 되고 말걸세.

제5계명

살인하지 말라.

이 계명을 통해 가장 먼저 배우게 되는 것은, 우리가 이웃사랑을 실천하며 살길 주님이 바란다는 사실일세. 육체에 해를 입히는 건 물론이고, 입에서 나오는 말로 분노와 시기 미움 혹은 어떤 모양이건 악한 마음으로 복수하거나 해를 가하지 말아야 하네. 또한 이 계명은 우리가 이웃을 도울 책임이 있다는 것을 알려 준다네. 우리의 이웃이 육체적인 곤경에 처해 있다면 거기에 응답해야 하네. 주님은 이 계명을 통해 내 이웃의 육신을 돌보고, 동시에 나의 이웃에게는 내 몸을 돌보라고 명령하고 있기 때문이지. 시락Sirach은 이를 두고 "주님은 우리 각자에게 그분의 이웃을 맡기셨습니다"(집회서 9:14)라고 말했다네.

둘째, 이 계명을 묵상하면서 감사한 것은 주님이 내게 베푸신 형용할 수 없는 사랑이라네. 그분이 나를 돌보며, 나를 신뢰해 주신 일은 말로 다 할 수 없다네. 그분은 우리의 강한 성이며 방패야. 그런 식으로 우리의 육체를 안전하게 지키고 돌보시지. 주님이 우리를 그렇게 귀하게 돌보고 지키신다면, 우리 역시 이웃을 그렇게 귀하게 돌보고 지켜야 하네. 주님은 높은 곳에서 이 계명이 준수되고 있는지 내려 보고 계신다네. 이 계명이 지켜지지 않는 곳에선 순종하지 않는 사람들을 상대로 심판의 칼을 준비해 두셨다네. 이 훌륭한 계명과 규정이 없었다면 사탄은 우리끼리 서로 죽이게 하는 대혼란을 만들어 한순간도 맘 편히 살지 못하게 만들었을 걸세. 세상이 주님의 계명에 순종하지 않고, 감사 없이 산다면, 주님도 진노하며 세상을 심판하게 될 것일세.

셋째, 나는 이 계명 앞에서 참회한다네. 나와 세상이 이 계명 앞에서 얼마나 교만했는지 참회하고 탄식한다네. 우리는 어버이 되신 주님의 자애로운 사랑과 돌보심을 참담하리만치 감사하지 않았고, 이 계명의 가르침을 인정하지도 않고 배우려고도 하지 않았으며, 마치 우리와 상관없는 것인 양, 아니면 무시해도 되는 것처럼 신경도 쓰지 않았다네. 게다가 이 계명이 가르치는 바와는 정반대로, 이웃을 무시하고 저버리고 박해하고 해를 입히고, 심지어 마음속으로 죽이기도 하지 않았나. 그러면서 무슨 훌륭하고 고상한 일을 한 것처럼 의기양양하게 살았는지 모른다네. 부끄러움을 모르고 하는 일이지. 이런 건 모두 우리의 분노와 원한이 악을 쫓을 때 나타나는 것들이라네. 지금이야말로 참으로 악하고 분별없고 거칠고 흉포한 우리 자신에 대해 탄식하며 아파해야 할 때라네. 우리는 늘 사나운 짐승처럼 할퀴고 물어뜯고 서로를 목구멍 안으로 집어삼키며 살고 있지 않은가. 이 엄중한 계명을 두려워하지 않은채 말이지.

넷째, 나는 우리 아버지께서 이 거룩한 계명을 깨닫도록 가르치고 도우셔서, 우리 모두 이 계명을 지키며 살 수 있기를 간절히 기도한다네.

모든 종류의 살인과 폭력에 능한 살인자로부터
우리를 지켜주소서.
넘치는 은총을 베푸시어
우리 모두 더불어 친구 되어

서로에게 부드럽고 너른 마음을 갖게 하소서.

서로를 진심으로 용서하며

서로의 잘못과 부족함을

그리스도의 마음과 형제애로 감당하게 하소서.

이 계명이 가르치고 요구하는 대로,

올바른 평화와 조화를 추구하며 살게 하소서.

제6계명

간음하지 말라.

첫째, 나는 이 계명을 통해 우리를 향한 주님의 계획이 무엇인지, 그리고 우리를 통해 기대하시는 바가 무엇인지 배운다네. 다른 사람의 아내나 딸, 하인을 넘보거나 욕되게 하는 것을 넘어 결혼 생활에 있어서 말과 행동 생각이 순결하고 단정하며 예의 바르고 절제된 삶을 살도록 최선을 다해야 하네. 우리는 이 계명을 따라 그들을 돕고 보호하며, 그들의 명예를 지키는데 유익한 일이 무엇인지 찾아 실천하길 힘써야 한다네. 혹여라도 이웃의 아내와 가족들을 험담하는 사람이 있다면 그 입을 막아야 하네. 이 모든 일은 당연한 의무라네. 주님은 이 계명으로 이웃의 아내와 가족을 해하거나 수치스럽게 하는 일을 하지 말라고 금지하는 명령만 주신 게 아니라네. 그분이 우리에게 기대하는 것은, 여기서 한발 더 나아가 그들을 적극적으로 보호하고 도와주어서 우리가 좋은 평판과 명예를 얻는 것이야.

둘째, 내가 감사드릴 것은 신실하고 자비로운 주님의 은혜와 사랑이라네. 그분은 이 계명으로 내 남편, 아내, 아들딸, 하인들을 돌보시고 보호하며, 그들이 수치를 당하지 않도록 단단하고 확실하게 막아 주신다네. 이 계명을 주신 주님은 이를 어기는 사람은 지위고하를 막론하고 엄하게 다루고 심판하시는 분이네. 누구도 이를 피할 수 없지. 살아서 위반한 대가를 치르든지, 아니면 지옥 불에서라도 그 정욕의 죗값을 치러야 한다네. 그분은 순결을 원하고 간음을 용납하지 않으시기 때문이지. 우리가 매일 보고 있지 않은가. 참회하지도 않고 제 마음대로 사는 사람이 얼마나 많은가. 이들 모두 주님의 진노에 붙잡혀 비참하게 망하는 걸 보게 될 걸세. 그런 일이 안 일어난다면, 아내와 아이와 종들을 추악한 마귀의 손아귀에서 단 한순간도 지켜낼 수도 없고, 그들의 명예를 지키고 보호할 바른 가르침을 전하는 일도 불가능할 걸세. 그런 일은 주님의 진노만 세상에 가득하고, 모든 게 무너져내리도록 주님이 손을 거두실

때만 일어날 텐데, 그런 세상이라면 걷잡을 수 없는 혼란과 폭력만 가득하게 될 걸세.

셋째, 나는 이 계명을 통해 나 자신과 세상의 죄를 참회하고 고백한다네. 나는 생각과 말과 행동으로 이 계명을 거슬러 살아왔네. 이 계명의 놀라운 가르침과 나에게 주신 선물에 불충했고, 주님이 원하는 고결한 품성과 정결의 삶에 불평하며 반역했다네. 그분은 어떤 종류의 음행과 악행이라도 은근슬쩍 넘어가는 일이 없고, 결혼 관계를 가볍게 다루거나 조롱거리나 혐오스러운 일로 변하는 걸 참지 않으신다네. 이 계명을 위반하면 다른 어떤 계명보다 더 분명하게 드러나기 때문에 숨기거나 덮어둘 수 없지. 그래서 나는 이 계명을 무겁게 받아들인다네.

넷째, 나는 이 계명을 묵상하며, 나 자신과 온 세상을 위해 이렇게 간구한다네.

주님,
당신은 우리에게
이 계명에 담긴 은총을 주셨습니다.
우리가 이 계명을 기쁨과 사랑으로 지키게 하소서.
자신의 정결한 삶을 추구할 뿐만 아니라,

다른 사람들을 돕고 지지하는 삶을 살게 하소서.

앞으로 나머지 계명도 계속 이런 식으로 설명할 텐데, 여기서 잠깐 멈추고 이야기할 게 있네. 앞서 말했다시피, 여기 적힌 기도문이나 단어나 내용에 맹목적으로 매이지 않길 바라네. 이 글은 그저 예시일 뿐이야. 기도하고 싶은데 어떻게 기도하는지 잘 모르겠다는 사람을 위해 어떻게 기도하고, 어떤 식으로 더 좋은 기도로 만들고, 누구를 위해 기도할지에 대해 간단하고 구체적으로 글을 쓴 것이지. 기도할 때 내 기도를 따라서 할 수도 있겠지만, 가능하다면 여기에 덧붙이거나 빼면서 자기 방식대로 하길 바라네. 모든 계명을 한 번에 다 묵상하면서 기도할 수도 있고, 아니면 한두 개 골라서 기도해도 상관없네. 중요한 것은 우리의 마음일세. 사람의 영혼이라는 건 참 오묘하지. 악한 것이든 선한 것이든 심장에 꽂히기만 하면 열 시간도 말하고 열흘 내내 글로 펼쳐낼 수도 있고, 찰나의 순간이라고 해도 그 이상의 많은 것을 생각해 낼 수 있어. 그만큼 우리의 영혼과 마음은 슬기롭고 강력하다네. 그러니 간절한 진심이 닿기만 하면, 십계명을 네 가지 관점으로 쉽게 묵상하며 기도할 수 있을 걸세.

제7계명

도둑질하지 말라.

이 계명을 통해 가장 먼저 배우게 되는 것은, 내 이웃의 소유를 은밀하든 공개적이든 가로채지 말라는 것이네. 사업을 하든, 직장 일이든, 교회 일이든 다 마찬가질세. 어떤 경우에도 속이거나 사특한 방법을 취하지 말고 늘 신실하고 정직해야 하네. 도둑질할 생각일랑 아예 말게. 땀 흘려 성실하게 일하면서 정직한 빵을 먹고 살아야 하네. 이 계명은 여기서 한발 더 나아가게 한다네. 나 스스로 바라는 것처럼, 내 이웃의 소유물도 앞선 계명에서 설명한 대로 빼앗기지 않도록 도와야 한다네. 이 계명을 통해 하나 더 배우는 것은, 주님이 나의 재산과 더불어 나의 권리를 안전하게 돌보며 보호하신다는 점일세. 주님은 사람들이 나의 소유물을 훔치지 못하게 엄중히 명령하시면서, 이 계명을 안 지키는 사람에게 처벌할 것을 정한 다음 교수대 위에서 죄인을 처리하도록 사형집행인의 손에 밧줄을 쥐여 주셨다네. 이런 일이 집행되지 않는 곳이라면, 주님이 친히 벌을 내릴 걸세. 도둑놈들은 거지꼴을 면치 못하게 될 텐데, 우리 속담에도 이런 말이 있지 않은가. "젊어서 도둑질하면, 늙어서 거지 된다.", "훔친 돈은 오래 못 간다.", "더럽게 번 돈은 순식간에 사라진다."

둘째, 내가 감사드릴 것은 주님의 신실하심과 선하심이라네. 주님은 나와 온 세상에 선한 가르침을 주셨고, 그걸 통해 우리가 보호받고 피할 곳을 주셨다네. 그분이 우리를 보호하지 않는다면, 그 어떤 집도 동전 한 푼, 아니, 빵 한 조각도 남아 있지 않을 걸세.

셋째, 내가 참회하는 것은 내 평생 이웃에게 했던 모든 부정한 일이네. 남의 것을 갈취하고 속인 모든 죄와 이웃의 배려에 감사하지 못한 배은망덕을 고백할 수밖에 없네.

넷째, 나는 이렇게 간구한다네.

주님,
저와 온 세상에 은총을 베푸셔서
당신의 계명을 배우고 묵상하길 소원합니다.
그래서 도둑질, 약탈, 고리대금업,
속임수, 부정한 일이 사라지고,
로마서 8장에 이른 것같이
모든 성도와 피조물이 고대하는
심판의 날이 속히 이르게 하소서. 아멘.

제8계명

네 이웃에 대하여 거짓 증거하지 말라.

우선 이 계명이 가르치는 것은 서로에게 신실하고 거짓말과 비방을 버리라는 것이네. 우리는 서로에 대해 좋은 걸 말하고 듣는 것을 기뻐해야 한다네. 그렇게 할 때 악의적인 소문과 거짓말을 퍼뜨리는 사람들로부터 우리의 명예와 신뢰를 보장할 안전한 울타리가 세워지게 된다네. 다른 계명에서 보았듯이, 주님은 거짓말을 퍼뜨리며 비방하는 사람을 반드시 처벌하신다네.

둘째, 나는 지금 우리에게 주시는 주님의 가르침, 그리고 그분의 보호에 감사할 수밖에 없네. 이 모든 것은 그분의 은총이야.

셋째, 우리는 이 계명을 묵상하면서 참회하며 주님의 선하신 은총을 구할 수밖에 없다네. 우리가 살아가는 동안, 우리의 명예와 성실함을 지켜내는 데 이웃에게 빚이 있음에도 감사할 줄 몰랐고, 거짓말과 비방으로 이웃을 대했음을 고백하며 용서를 구할 수밖에 없네.

넷째, 우리는 이렇게 기도해야 하네.

주님,

이 계명을 지킬 수 있도록

우리를 인도하여 주소서.

우리에게 선하고 거룩한 입술을 주시어,

이웃에게 유익한 말을 하게 하소서.

제9, 10계명

네 이웃의 집을 탐내지 말라.

네 이웃의 아내를 탐내지 말라.

우선 이 계명이 우리에게 가르치는 것은, 합법을 빙자하여 이웃의 재산과 소유를 빼앗거나 강탈하지 말라는 것일세. 여기서 더 나아가 우리는 우리 자신의 소유가 지켜지기를 바라듯 이웃의 소유도 보호받을 수 있도록 도와야 한다네. 덧붙이면 이 계명은 간악한 임기응변의 궤변과 속임수로부터 우리를 보호해주는 계명이라네. 그런 짓을 하는 사람들은 그에 응당한 처벌을 받게 되어있다네.

둘째, 우리는 이 일에 대해 감사드려야 하고, 셋째, 통회하며 자복하는 마음으로 우리의 죄를 참회해야 하네. 넷째, 주님의 이 계명을 지킬 힘과 도움을 베풀어 달라고 간절히 기도해야 한다네.

지금까지 우리는 네 가지 측면에서 십계명을 다루어 보았네. 그러고 보면, 십계명은 우리 삶을 가르치는 교본이고, 감사의 찬송집이고, 참회서이자 기도서라고 할 수 있다네. 이것을 통해 자네 스스로 이 십계명이 자네 마음에 뿌리를 내려 기도의 열정이 생기길 바라네. 단, 주의할 것도 있네. 처음부터 한 번에 다 하려고 하지 말게. 오래 앉아 길게 기도한다고 좋은 기도가 아니라네. 자주, 그리고 뜨겁게 기도하는 게 훨씬 낫네. 자네 심장에 불이 붙기만 한다면 한 구절이 아니라 반절도 충분하네. 성령은 분명히 그렇게 우리 마음에 불을 붙여 주신다네. 그런 다음 성령이 말씀과 하나 되어 우리 안에 있던 헛된 욕망과 생각을 모두 벗겨낼 것이네.

이 편지에선 신경과 성경 말씀으로 기도하는 법은 다루지 않겠네. 이와 관련해서는 이야기할 것이 너무나 많기 때문이지. 꼭 해 보고 싶다면, 하루는 십계명을, 다음 날은 시편이나 성경의 한 장을 택해 마음에 불을 붙이는 부싯돌로 삼을 수 있을걸세.

사도신경*

아직 여유가 있거나 사도신경으로 계속 기도하고픈 마음이 있다면, 이것도 앞서 했던 방식대로 네 단계로 기도할 수 있다네. 우선 내가 『대/소교리문답서』(1529)에서 거룩한 위격에 따라 사도신경을 이 세 항목으로 나눠 설명했던 것을 그대로 따라가 보겠네.

첫째, 창조주
전능하사 천지를 만드신 창조주 아버지를 내가 믿습니다.

이 구절을 자네가 진심으로 받아들인다면, 한 줄기 위대한 서광이 자네 마음을 비출 걸세. 세상 어떤 말과 책으로도 설명하거나 형용할 수 없는 것. 자네가 누구인지, 어디서 왔는지, 하늘과 땅이 어디서 생겨났는지를 이 짧은 구절이 일깨워 준다네. 자네만 놓고 보면, 아무것도 아니고, 아무것도 할 수 없고, 아무것도 알지 못하고, 아무 능력도 없지만, 자네는 분명히 창조주가 직접 빚어낸 피조물이며 걸작이라네. 천 년 전 자네는 무엇을 하고 있었나? 육천 년 전

---
* 본래 편지에는 수록되어 있지 않았으나 출판시 사도신경 해설이 포함되었다.

엔 하늘과 땅은 무엇이었을까? 아무것도 아니었다네. 하지만 자네가 입으로 고백하는 것처럼 주님은 모든 것을 창조하셨지. 자네 자신, 자네가 아는 것, 할 수 있는 것, 성취할 수 있는 것, 그 모든 것을 말이야. 그러니 자네 존재만으로는 아무것도 아니고, 주님이 자네의 창조주라는 사실 외에는 아무것도 자랑할 게 없다네. 주님은 마음만 먹으면 언제라도 자네를 흔적도 없이 지워버릴 수도 있는 그런 분이라네. 이성은 이런 신비한 빛에 대해 아무것도 모른다네. 지혜를 자랑하던 수많은 이들이 하늘과 땅이 무엇이고 인간과 자연이 무엇인지 알려고 했지만 아무도 답을 찾지 못했네. 그러나 여기 사도신경 첫 구절에서 '주님이 무에서 모든 만물을 창조했다'고 선포하고 있고, 우리의 신앙은 이를 확인해 준다네. 지금 우리가 살아가는 땅이야말로 주님의 피조물들이 경쾌한 기분으로 산책할 수 있는 기쁨의 동산이라네. 이걸 설명하려면 너무 길어질 것 같으니 여기까지만 하겠네.

둘째, 이 구절을 묵상하면서 감사할 것은, 아무것도 아닌 우리가 주님의 선하심을 통해 창조되었다는 것, 그리고 아무것도 아닌 우리에게 필요한 모든 걸 매일 채워주신다는 것, 우리에게 육체와 영혼, 이성과 오감 등등 이루 말할 수 없는 것들을 주셨고, 땅과 물고기, 새와 짐승을 관리할 존재로 세워 주신 사실이라네. 창세기 1장부터 3장은 이 내용을 들려준다네.

셋째, 참으로 가슴 치며 참회해야 할 것은, 우리의 불신앙과 감사하지 않는 모습이라네. 창조주께서는 우리에게 모든 것을 주셨지만, 우리는 이 모든 것을 마음에 새기지도, 깊이 묵상하지도, 인정하지도 않는다네. 이건 이성 없는 짐승만도 못한 일이라네.

넷째, 우리가 간구해야 할 것은, 창조에 관한 이 항목이 선언하는 것처럼, 사랑의 주님, 당신을 우리의 창조주로 믿고 따를 수 있도록 바르며 확고한 믿음을 달라고 진심으로 기도하는 거라네.

둘째, 구원자

우리 주 예수 그리스도를 믿습니다.

이 구절에서도 위대한 빛이 찾아들며 우리를 가르친다네. 창조 사건 다음에 아담의 범죄를 통해 세상엔 죽음이 찾아들었지. 그러나 창조주의 아들이신 그리스도가 영원히 저주받은 죽음에서 우리를 어떻게 구해냈는지, 이 항목이 답해 준다네. 자. 여기서 첫 번째 항목에서 설명했던 내용을 상기해보게. 자네 스스로 주님의 피조물이라는 사실을 의심하지 않고 고백했듯이 여기서도 자네가 죽음에서 구원받았다는 걸 의심하지 말아야 하네. 여기에 덧붙여, 모든 구절에 '우리'라는 말을 붙여야 하네. '우리' 주 예수 그리스도라는 말처럼, '우리를 위해' 고난 당하시고, '우리를 위해' 죽으시고, '우리를 위해' 부활하셨다고 이해해야 하네. '우리'라는 단어 자체가 말하고 있듯이, 이 모든 일은 바로 '우리를 위한' 사건이었고, 우리와 연결되어 있다는 것을 명심하게. 그 '우리'에는 바로 자네도 들어있다네.

셋째, 성화

성령을 믿습니다

여기 세 번째 위대한 빛이 찾아든다네. 이 항목은 창조주와 구원자를 이 땅 어디서 발견하고 만날 수 있는지, 그리고 모든 만물의 끝은 어떻게 될 것인지 알려준다네. 많은 말을 할 수 있지만 요약하면 이렇다네. 거룩한 그리스도의 교회가 있는 곳이라면, 그곳이 어떤 곳이든 창조주 아버지, 구원자 그리스도, 거룩하게 하시는 성령을 만날 수 있다네.

그분은 죄의 용서를 통해 교회를 날마다 거룩하게 만든다네. 이 같은 사죄의 믿음이 하나님의 말씀으로 바르게 선포되고 고백되는 곳이 바로 교회라네. 여기서 자네는 성령이 교회를 통해 어떤 일을 이루는지 깊이 묵상해야 하네.

자네도 이런 교회에 부름받아 오게 된 것을 감사해야 하네. 가슴 치며 참회해야 할 것은 이 진리를 믿지 못하는 우리의 불신앙, 그리고 이 모든 것에 감사할 줄 모르는 우리의 배은망덕한 태도라네. 그렇기에 우리는 바르고 굳건한 신앙을 달라고 기도해야 하네. 죽은 자의 부활을 지나 모든 만물이 영원한 생명에 이르기까지, 굳건한 믿음 위에 자네가 서 있길 바라네. 아멘.

이발사 페터에게 보낸 이 편지는 종교개혁자 루터
의 개인 영성을 또렷하게 엿볼 수 있는 몇 안 되는 글
중 하나다. 이 글을 통해 루터의 신학이 기도 생활에 어
떤 식으로 녹아 있는지 구체적으로 확인할 수 있다. 루
터는 기도의 이론을 설명하기에 앞서 페터에게 자신
의 경험과 기도 습관에 대해 매우 상세하게 설명한다.
그중에서도 맨 앞 구절에서 기도의 장소로 언급된 '골
방'Kammer과 '교회'Kirche는 주목할 만하다. 골방에 대한
표현은 예수의 산상설교(마 6:5이하)와 연결된다. 일반적
으로 기도는 '주님과의 대화'이기에 지극히 개인적이며
실존적인 경건 행위이다. 무엇에도 방해받지 않고 주님
과 독대하는 코람데오Coram Deo 정신이 이글에서는 '골
방'으로 표현된다. 그러나 종교개혁가가 가르치는 영성
은 거기서 그치지 않는다. 골방과 함께 '교회'가 언급되
는 건 신학 때문이다. 여기서 교회는 건물로서의 예배

당을 말하지 않고, 거룩한 공동체Communio Sanctorum를 뜻한다. 기도자는 교회에 가서 자신이 홀로된 신자가 아니라 함께 살아가는 공동체라는 것을 확인한다. '보이는 공동체'(교회)에서 기도하는 사람들은 자신의 눈과 귀를 통해 거룩하신 주님의 뜻을 확인하고, 다른 사람들의 기도 소리에서 이웃에게 어떤 도움이 필요한지 깨닫게 된다. 루터는 페터에게 설명한다. "무릎을 꿇든지 서서 기도하든지 자네 혼자 기도하는 게 아니라네. 모든 경건한 그리스도인이 자네 곁에서, 그리고 자네 주위에서, 위로하고 용기를 더하며 기도하고 있다네. 주님은 그런 기도를 절대 무시하지 않는다네." 이런 설명을 통해 알 수 있는 건, 루터가 강조한 칭의론의 특징이다. '믿음으로 의롭게 된다'는 루터의 칭의론은 '믿기만 하면 이젠 아무것도 안 해도 된다'는 식의 율법 무용론과 아무 상관이 없다. 오히려 그 반대다. 루터에게 기도와 경건 생활은 의롭게 된 이들, 거듭난 이들에게서 볼 수 있는 자연스러운 현상이며, 동시에 꾸준한 훈련을 요구한다. 또한, 그의 칭의론은 개인의 사사로운 신앙을 뜻하지 않는다. 골방과 함께 교회가 등장하는 이유가 이것이다. 신앙은 거룩하신 주님 앞에 단독자로 서는 것(골방)이지만, 그 신앙은 언제나 교회 공동체를 통해 확인되고 증명되어야 한다. 그런 면에서 공동체 없는 신앙은 루터에게 불가능하다. 테르툴리아누스의 말대로, '홀로 있는 그리스도인은 그리스도인이 아니다.' 개혁가가 목표로 삼았던 프로테스탄트 신앙의 궁극적인 종착역은 '교회', 즉 공동체다.

기도란 내 필요에 따라 하는 것이 아니고,
주님의 명령이기 때문에 해야만 합니다.
그래서 기도가 가치 있는 것입니다.
우리에게는 누구나 기도의 제목이 있습니다.
주님 앞으로 나오십시오.

대교리문답[*]

'기도'는 거룩하신 주님의 명령이고, 동시에 우리의 의무입니다. 이는 제2계명을 다루면서 들었던 내용입니다.

> 내 이름을 망령되이 일컫지 말라.

이는 거룩한 그분의 이름을 찬미하고, 모든 위급한 순간에 그의 이름을 부르며 기도하라는 명령입니다. 그분의 이름을 '부름'Anrufen이 곧 '기도'Beten입니다.

그러므로 기도는 다른 신을 숭배하는 것, 살인, 도둑질을 금지하는 계명만큼이나 준엄한 계명입니다. 기도하든 안 하든 아무 차이가 없다고 생각하지 마십시오. 어떤 사람들은 망상에 빠져 이렇게 말하기도 합니다. "뭐 하러 기

---

* '기도'Das Gebet, WA 30/I, 193~197. 『대교리문답』의 집필 배경과 내용은 아래의 책을 참고하라. 『마르틴 루터 대교리문답』(복 있는 사람, 2017)

도해? 주님이 내 기도를 듣는지 안 듣는지 알 게 뭐야?" 또
는 이런 말을 하는 사람도 있습니다. "뭐, 내가 기도 안 해
도 다른 사람이 나 대신 하겠지…" 이런 사람은 결국 타성
에 젖어 더는 기도하지 않게 됩니다. 이런 자들이 항상 입
에 올리는 핑곗거리가 있습니다. 바로 우리(종교개혁자)가
'위선적이고 거짓된 기도를 배격하면서 동시에 기도할 필
요가 없다'고 가르쳤다는 것입니다. 기도는 위급할 때 주
님을 부르는 것이고, 이는 우리의 취향에 달린 게 아니라
의무입니다.

많은 사람이 교회나 다른 곳에서 기도 모임을 만들어
큰소리로 외치거나 같은 말을 반복하며 낭송하는 것을 '기
도'라고 여깁니다. 그러나 이런 것은 기도가 아닙니다. 왜
냐하면, 정확히 말해, 그런 외적인 형식들은 어린아이나
학생, 아무것도 모르는 일반인을 위한 노래 연습이나 읽기
연습과 같습니다. 이런 것들은 진정한 의미에서 기도가 아
닙니다.

'기도한다'는 것은 제2계명이 명시하듯 '어떤 경우든 위
급할 때 주님을 부르는 것'입니다. 주님께서는 우리가 이
런 기도를 드리기를 바라십니다. 기도는 취향에 달린 것이
아닙니다. 그리스도인이라면 기도는 당위sollen이며, 반드시

해야 할 의무$_{müssen}$입니다. 이는 마치, 부모와 국가에 순종하는 것과 같습니다. 우리가 매달려 부르짖고, 필요를 채워달라고 간구하는 것을 통해 기도는 쓸모 있어지고, 주님의 이름이 높여집니다. 이때 명심합시다. 기도를 방해하고 위협하는 어떤 생각이나 사상들이 주위에 있다면 입 다물게 하고 그런 것에 대항해야 합니다.

비유로 말해 봅시다. 짜증 섞인 말투로 아들이 아버지에게 이렇게 말합니다. "내가 순종한다고 아버지가 나에게 무슨 관심이라도 있나요? 난 이제 나가서, 하고 싶은 대로 하면서 살겠어요. 아버지가 나랑 무슨 상관이 있어요?" 이때 당신이 아버지라면 어떻게 하겠습니까? 주님의 계명은 이렇게 가르칩니다. '너는 이것을 명심하고 반드시 행하라!' 기도의 항목도 마찬가지입니다. 내 의지에 따라 해도 되고 안 해도 되는 것이 아니라 이는 반드시 해야 하는 준엄한 명령입니다. 기도가 가치 있는 이유는 주님의 명령이기 때문입니다. 그것으로 내 공로를 쌓을 수 있는 성질의 것이 아닙니다.

여기서 더 나아가봅시다. 기도는 준엄한 주님의 명령입니다. 그러므로 누구도 '내 기도는 별 쓸모 없다'며 기도를 경시하지 말아야 합니다. 절대로 그렇게 하지 마십시오.

기도는 그 자체로 고귀하고 위대합니다. 이걸 다른 계명들과 비교해 볼 만 합니다. 아이는 부모에게 순종해야 한다는 이야기를 경시해서는 안 됩니다. 항상 명심해야 합니다. "이 덕목은 순종의 행동이다. 그리고 내가 무엇을 하든 어떤 목적을 갖고 행동하는 것이 아니라 단지 순종의 덕목이기 때문에 하는 것이고 게다가 주님의 명령이기 때문에 순종하는 것이다. 이 계명 위에 내가 서 있고 내 발을 올려놓았다. 나는 바로 이것을 최고의 가치로 여긴다. 내가 바라고 만든 가치가 아니라 주님의 계명이기 때문이다."

바로 여기서 기도란 무엇이고, 무엇을 위해 기도해야 할지 깨달을 수 있습니다. 기도는 주님을 향한 요청이고 그분께 순종하는 것입니다. 이제 잘 생각해 봅시다. 기도란 내 필요에 따라 하는 것이 아니고, 주님의 명령이기 때문에 해야만 합니다. 그래서 기도가 가치 있는 것입니다. 우리에게는 누구나 기도의 제목이 있습니다. 주님 앞으로 나오십시오. 순종으로 이 계명을 준행합시다.

여러분께 간곡히 권면합니다. 최선을 다해 열심히 기도하십시오. 기도의 계명을 마음에 새기고 어떤 경우라도 가볍게 보지 마십시오. 이제껏 마귀의 이름으로 잘못 가르쳤기에 누구도 이 사실에 관심을 기울이지 않았습니다. 그러다 보니 이런 생각까지 하게 됐습니다. '이만하면 됐어! 주님이 듣든지 안 듣든지 이 정도 기도했으면 충분해!' 이런 건 요행을 바라는 것이고, 될 대로 되라는 식의 중언부언입니다. 이런 기도는 아무짝에도 쓸모없습니다.

우리의 기도가 잘못되고 방해받는 이유가 있습니다. 이러한 생각 때문입니다. '나는 거룩하지 않아! 나는 별 볼 일 없는 인간이야! 내가 사도 베드로나 바울처럼 경건하고 거룩했다면 나도 거룩하고 능력 있는 기도를 할 수 있을 텐데…' 이런 생각일랑 저 멀리 내다 버리십시오! 똑같은 계명입니다. 사도 바울에게 말씀하신 계명을 나에게도 똑같이 말씀하셨습니다. 제2계명이 사도 바울에게 귀하게 주어졌듯 나에게도 똑같이 귀하게 주어졌습니다. 바울이 받은 계명이라고 해서 내가 받은 계명보다 더 귀하거나 거룩하거나 자랑스럽지 않습니다.

그러므로 이렇게 말하십시오. "지금 내가 하는 이 기도는 참되고 귀하며 거룩하다. 주님께서는 내 기도를 사도 바울이나 다른 성인들의 기도만큼 기쁘게 받으신다. 그들의 사람 됨됨이가 나보다 거룩할지 모르지만, 계명에 있어서는 그렇지 않기 때문이다. 기도할 때 주님은 사람으로 판단치 않으시고, 당신의 말씀과 그 말씀에 대한 순종 여부로 판단하시기 때문이다. 모든 거룩한 자들의 기도가 바로 이 계명 위에 서 있고, 내 기도 역시 이 위에 서 있다. 모든 성인이 했던 간구와 기도를 나 역시 드린다."

요약합니다. 기도의 기초는 거룩하신 주님의 계명에 순종하는 데 있습니다. 기도는 나의 가치를 뽐내는 일이 아닙니다. 우리의 모든 기도는 거룩하신 아버지를 향한 순종에서 나와야 됩니다. 이것이야말로 기도에 관한 내용 중 으뜸가는 부분입니다. 죄인이든 신앙 깊은 경건한 사람이든 고결한 사람이든 별 볼 일 없는 사람이든 상관없이 자기 자신을 뽐내지 말아야 합니다. 기도는 이런 것과는 상관이 없습니다.

그러므로 명심합시다. 거룩하신 주님은 농담으로 말씀하시지 않습니다. 그분은 다른 모든 종류의 불순종을 징계하듯, 우리가 기도하지 않는다면 진노와 징계를 멈추지 않으실 것입니다. 그렇지만 그분이 진실로 원하시는 것은 우리의 기도가 헛되이 사라지지 않게 하는 것입니다. 들어주실 뜻이 없었다면 우리에게 기도하라고 명령하시지도, 더욱이 그런 엄한 계명으로 강조하시지도 않았을 것입니다.

두 번째로, 우리가 더욱 열심히 기도하도록 자극하는 건 그분의 약속 때문입니다. 주님은 진실로 우리의 기도에 응답하겠다고 약속하셨습니다. 그분은 시편 50편 15절을 통해 말씀하십니다.

환난 날에 나를 부르라. 내가 너를 건지리라!

그리스도는 말씀하십니다.

구하라 그리하면 너희에게 주실 것이요, … 하늘 아버지께서 구하는 자에게 주실 것이기 때문이다. (마 7:7 이하)

이 약속은 우리 마음에 기도의 열망과 사랑을 불러일으킵니다. 거룩하신 주님께서 분명히 말씀하셨듯 우리의 기도는 그분의 기쁨이 됩니다. 게다가 그분은 우리의 기도에 반드시 응답하겠다고 확언하셨습니다. 그러니 이 약속을 가벼이 듣거나 바람에 흩날려 버리지 말고 확실한 믿음으로 기도합시다.

확신을 담아 기도해 보십시오.

사랑의 아버지, 지금 제가 여기 나아와 기도합니다.

부디 내 뜻과 판단을 따르지 않게 하시고,

나를 온전케 하며 거짓이 없으신 당신의 계명과 약속을
따르게 하소서.

아버지의 약속을 믿지 않는 자는 그분을 진노케 하여
그분을 거짓말쟁이로 비난한 대가를 치르게 될 것입니다.

이외에도 기도에 힘써야 할 중요한 이유가 있습니다.
기도가 계명과 약속이라는 점 말고도, 거룩하신 주님께서
는 스스로 말씀과 용례를 주시면서 '어떻게, 무엇을 기도
해야 할지' 우리 입에 넣어 주셨습니다. 주님께서 얼마나
절실히 우리의 환난을 공감하시는지 알아야 합니다. 주기
도가 얼마나 그분께 기쁨이 되는지, 그리고 그분께서 우리
의 간구에 얼마나 분명하게 응답하시는지를 의심치 말아
야 합니다.

주님의 기도는 인간이 고안해낸 그 어떤 기도보다 위대
합니다. 우리의 양심은 언제나 의심과 불안으로 가득 차
이렇게 속삭입니다. '나 기도했어. 그런데 누가 알겠어? 이
기도가 그분 마음에 들까? 그런데 내가 기도를 제대로 하
긴 했나?' 이런 이유로 주님이 가르쳐 주신 기도보다 더 고
귀한 기도는 이 땅에서 찾을 수 없습니다. 거룩하신 아버
지는 진실로 우리의 기도를 기쁘게 들으십니다. 주님의 기

도는 이를 보여주는 아주 정확한 증거입니다. 그러므로 이 기도는 이 세상 어떤 재물과도 바꿀 수 없는 보물입니다.

　기도는 요구인 동시에 구해달라는 간구입니다. 간절함이 없는 기도, 주님을 가르치거나 그분께 무언가를 드리려고만 하는 기도는 기도가 아닙니다.

　이렇게 기도에 대한 서문을 쓰는 이유가 있습니다. 우리를 둘러싸고 압박하는 현실의 절박함을 깊이 묵상하여 끊임없이 기도하게 하려는 목적 때문입니다. 기도하는 사람은 자신이 바라는 것을 구체적으로 구해야 합니다. 그렇지 않다면 기도라 할 수 없습니다. 이 때문에 수도사와 사제들의 기도는 비난받아 마땅합니다. 그들은 밤낮 끔찍한 목소리로 소리 지르며 울어대고 뭔가를 웅얼댑니다. 하지만, 그 속엔 간절히 구하는 마음이라곤 털끝만큼도 없는 이들도 있습니다. 그런 수도사들만 골라 교회에 모아 본다면, 진실한 마음은 고사하고 포도주 한 방울만큼의 진심어린 기도와 티끌만큼의 고백도 찾지 못할 것입니다. 그러한 이들 가운데 주님에 대한 순종과 약속에 대한 믿음을 안고 씨름하며 기도해 본 사람이 없기 때문입니다. 그들은 '절망'에 직면해 보지 않았기에 이런 데 관심이 없습니다. 분명한 것은, 기도란 '주는 것이 아니라 받는 것'이라는 사실입니다. 그런데도 수도사들은 주님과 거래하기 위해 드리는 행위로서 기도만 고집할 뿐입니다.

바른 기도라면 절박함이 배어 있어야 합니다. 우리를 짓누르는 그 절박함이 주님을 향한 부름으로, 외침으로 나타나는 것이지요. 그때 비로소 기도는 자연스러워지고, 어떻게 준비해야 할지 배울 필요가 없게 됩니다. 기도Andacht*는 거기서 생깁니다.

누구나 살면서 겪는 곤궁을 우리는 '주님 가르쳐 주신 기도'에서 충분히 찾아볼 수 있습니다. 이렇듯 주기도문은 우리에게 열심히 기도하도록 일깨우는 역할을 합니다. 누구나 다 부족한 것이 많습니다. 그런데 문제는 우리가 그 부족함을 느끼거나 직시하지 못한다는 데 있습니다. 주님은 우리의 궁핍과 필요를 직접 듣고 싶어 합니다. 당신의 요구를 간절히 탄원하며 표현하십시오. 주님이 몰라서 기도하라는 게 아닙니다. 기도를 통해 당신의 마음에 불을 지피고, 점점 강한 불로 만들려는 것입니다. 이를 통해 냉랭한 마음을 따스하게 데우는 영의 외투는 더욱 넓어지고

---

* 마음이 한 곳에 몰입된 상태. 즉 참된 기도를 뜻한다. 이 말은 '묵상'이나 '기도회', '예배'로도 번역되지만 엄밀히 말해 예배의 '형식'과는 상관없다. 다만 주님과 일대일 관계에 몰입된 상태를 뜻한다.

두터워질 것입니다. 그리고 당신이 받은 온기만큼 그분의 뜻을 당신의 이웃에게 행하게 될 것입니다.

그러므로 어려서부터 매일 기도하는 습관이 몸에 배도록 해야 합니다. 각자의 필요를 해결하기 위해 기도하되, 자신에게 일어나는 일과 감정을 있는 그대로 기도해 보십시오. 또한, 타인을 위해 기도하되, 특별히 설교자, 정부 관리, 이웃, 종들에게 관심을 두고, 그들에게 필요한 것을 놓고 기도하십시오. 이미 말씀드렸다시피, 이런 기도를 할 때 '주님은 반드시 우리의 계명과 약속을 지키시며, 잊지도 경시하지도 않는다'는 것을 기억합시다.

제가 기꺼이 이런 말을 하는 이유가 있습니다. 바른 기도를 배워 사람들 속으로 들어갈 때 전처럼 거칠고 냉랭한 사람이 되지 않기를 바라기 때문입니다. 이렇게 기도하지 않으면 우리는 매일 엉뚱한 기도를 하게 됩니다. 마귀가 원하는 일이 바로 이것이고, 여기에 온 힘을 쏟습니다. 그러나 바른 기도는 마귀를 고통과 비참 속으로 몰아넣습니다.

명심합시다. 오직 기도만이 우리의 보호막이고 방패입니다. 우리를 뒤흔드는 마귀와 모든 악한 세력들을 대항하기에 우리는 심히 연약합니다. 악한 세력은 우리를 우습게 밟아 부술 정도로 강합니다. 그러니 깊이 성찰하고 무기를 손에 쥐어야 합니다. 그리스도인이라면 마귀에 대적하기 위해 기도의 무기로 무장해야 합니다.

이제껏 일어난 일들을 한번 생각해 보십시오! 복음을 막아서는 마귀와 대적자들의 살인과 폭동을 막은 가장 큰 자산이 무엇이라고 생각하십니까? 진실하게 기도하는 몇몇 사람이 우리 편이 되어 철옹성과 같이 악한 세력을 막아 준 것은 아닙니까? 그렇지 않다면 우리는 지금 전혀 다른 세상을 살고 있을 것입니다. 마귀가 전 독일을 그의 피로 물들였을지도 모릅니다. 그러나 지금, 기도하는 이들이 있기에 우리는 당당히 악의 세력을 조롱하고 비웃을 수 있게 되었습니다. 사람이든 마귀든 기도만이 우리의 무기입니다. 게으르지 않고 부지런히 기도한다면 그것으로 충분합니다.

신실한 그리스도인들이 "사랑의 아버지, 당신의 뜻을 이루소서"하고 기도할 때, 거룩하신 아버지께서는 "그래, 사랑하는 나의 자녀야! 마귀와 세상의 권세 앞에서도 나는 나의 뜻을 이룰 것이다"라고 응답하실 것입니다.

그러므로 기도를 무엇보다 크고 귀한 것으로 여기고 배웁시다. 또한 바른 간구Bitten와 중언부언Plappern을 반드시 구분합시다. 우리의 목적은 기도를 없애는 데 있지 않

습니다. 오히려 버려야 할 것은 '의미 없이 무작정 울어
대며 고함지르는 기도'Geheul와 '뜻도 없이 웅얼거리는 기
도'Gemurmel입니다. 그리스도께서도 이런 허튼소리를 내던
지셨고 금지하셨습니다.

작센의 목회자를 순방하는 시찰단 지침서[*]

참된 그리스도인의 기도^{**}

　기도에 관해 목회자가 유념해야 할 첫 번째 항목은 이
와 같습니다. 목사라면, 주님께서 우리에게 기도를 명령하
셨다는 사실을 교회에서 가르쳐야 합니다. 살인이 큰 범죄
인 것처럼 기도하지 않고, 간절히 구하지 않는 것도 범죄
입니다. "내 이름을 망령되이 일컫지 말라"는 제2계명엔
기도에 대한 주님의 요구가 담겨 있습니다. 그분의 선하심
은 너무나 크고 놀랍다는 것을 우리는 누가복음서(18:1) 및
다른 많은 구절에서 찾을 수 있습니다. 생각해 보십시오.
우리가 요청하는 대로 모든 것을 줄 뿐만 아니라, 필요한
것이 있다면 언제든 자신에게 이를 요청하라는 영주가 있

---

* '작센의 목회자를 순방하는 시찰단 지침서'Unterricht der Visitatoren, an die
　Pfarrherren im Kurfürstentum zu Sachsen(1529), WA 26, 195~240.
** '참된 그리스도인의 기도'Von dem rechten Christlichen Gebet에서 발췌,
　WA 26, 204~206.

92　｜　프로테스탄트의 기도

다면 그는 자비로운 군주라 할 수 있을 것이며 그 소문은 금방 퍼져 시간이 흐를수록 더 많은 사람이 그를 찾을 것입니다. 우리 주님이 바로 그런 분입니다. 우리가 기도할수록 그분은 더 많은 것을 주십니다. 누가복음서를 보십시오. 그분께서는 막달라 마리아에게 말씀하셨습니다.

> 너의 많은 죄가 용서받았다. 이는 네가 나에게 많은 것을 구했기 때문이다.

목회자들이 유념해야 할 두 번째 항목은 주님께서 우리의 기도를 들어주신다고 약속하셨다는 점입니다.

> 구하여라. 그리하면 너희에게 주실 것이다.
>
> (마 7:7, 눅 11:9)

우리는 이 약속을 붙잡고 주님께서 우리의 기도를 들어주실 것이라는 사실을 의심치 말아야 합니다. 그리스도께서는 말씀하셨습니다.

> 그러므로 나는 너희에게 말한다. 너희가 기도하면서 구

하는 것은 무엇이든지, 이미 그것을 받은 줄로 믿어라.
그리하면, 너희에게 그대로 이루어질 것이다. (막 11:24)

그러나 자기 범죄와 위선에 대해 회개할 줄 모르는 죄인과 위선자의 기도에 대해선 그분이 응답하겠다는 약속을 하지 않았습니다. 이런 사람에 대해서 시편은 말합니다.

살려달라고 울부짖어도 들어주는 이 없다. 주님께 부르짖어도 들은 체도 않으신다. (시 18:41)

그러나 자신의 죄를 회개한 사람과 그리스도를 통해 자기 죄가 용서받았다고 믿는 사람이라면, 과거에 저지른 범죄와 위선이 걸림돌이 될 수 없습니다. 주님께서는 당신이 베푸시는 용서의 복음을 우리가 의심하기를 원치 않으시며, 우리의 간절한 기도를 듣고 응답해 주시는 분이기 때문입니다. 그렇게 그분은 우리를 도우십니다. 그러므로 목회자는 자신이 맡은 성도들에게 믿음을 가지라고 가르쳐야 합니다. 그 믿음은 바로 비천한 우리의 기도를 주님께서 들어주신다는 약속에 관한 믿음입니다. 야고보는 말했습니다.

조금도 의심을 품지 말고 오직 믿음으로 구하십시오. 의심을 품는 사람은 바람에 밀려 흔들리는 바다 물결 같습니다. 그런 사람은 아예 주님으로부터 아무것도 받을 생각을 말아야 합니다. 의심을 품은 사람은 마음이 헷갈려 행동이 불안정합니다. (약 1:6~8)

사람들이 주기도문이나 시편을 수만 번 반복해 읽고 암송해도 '주님께서 우리의 간구를 들어 주신다'는 이 약속에 아무런 관심도 없고, 신뢰하지도 않는다면, 이는 아무짝에도 쓸모가 없습니다. 이런 이들을 두고 시편은 말합니다.

저들이 믿는 우상은 입이 있어도 말하지 못하고, 눈이 있어도 볼 수 없으며, 귀가 있어도 듣지 못한다. (시 115:5~6)

그들이 믿는 것은 아무것도 듣지 못하는 귀머거리 신일 뿐입니다.

세 번째로 목회자들은 교인들에게 세속적인 일과 영적인 일 모두를 주님께 기도하라고 가르쳐야 합니다. 이를 통해 자신의 소원을 주님께 가져가도록 격려해주어야 합니다. 어떤 사람은 가난으로 어려움을 겪고, 어떤 사람은 병 때문에, 또 어떤 사람은 죄 때문에, 어떤 사람은 신앙의 결핍 때문에, 어떤 이는 흉작 때문에 괴로움을 겪습니다. 이런 다양한 아픔이 우리 삶에 가득합니다. 그래서 사람들이 (피부병이 생기면) 성 안토니우스*를 찾아가고, (전염병이 돌면) 성 세바스티아누스**를 찾아 도움을 구하는 것이지요. 그러나 우리는 어떠한 어려움을 겪고 있든 관습을 따라 성인들을 찾아갈 것이 아니라 우리의 주님께 달려가 간구해야 합니다.

주님의 응답이 늦어진다고 생각되더라도 누가복음서에서 가르쳤듯 기도를 중단하지 마십시오. 그분은 이런 방식으로 우리의 신앙을 실천할 기회를 주시기 때문입니다. 설사 주님께서 우리가 요청한 것을 주지 않는다고 할지라도 이 또한 기도의 응답이란 것을 의심하지 말아야 합니다. 우리는 우리가 구한 것 이상으로 더 좋은 것을 주님께

---

* 사막교부 중 한 명이었고, '모든 수도사의 교부'로 알려진 이집트 출신의 대 안토니우스Anthony the Great(251년경~356년)를 가리킨다. 중세인들은 그의 유해가 지독한 피부병에 기적을 발휘했다고 믿었다.

** 전설에 따르면, 3세기 로마 황제 근위대장으로 알려진 성 세바스티아누스St. Sebastian(256년경~288년)는 감옥에 갇힌 그리스도인들을 돌본 죄로 화살형을 받게 되지만, 모든 화살을 받고도 죽지 않았다. 중세인들은 당시 창궐하던 흑사병을 하늘의 신이 퍼붓는 분노의 화살로 여겼기에, 역병이 돌 때 세바스티아누스의 도움을 구하며 전염병을 피하려고 했다.

서 주신다는 것을 알아차려야 합니다. 그분께 우리의 여러 요구를 늘어놓으면서 우리 입맛대로 응답의 시간과 조건을 설정하지 말아야 합니다. 아브라함과 다른 여러 믿음의 선조들도 그들에게 약속된 땅을 받을 때까지 오랜 세월 인내했다는 것을 잘 알고있지 않습니까. 이런 경우는 성경에 수도 없이 많이 나와 있습니다.

탁상담화와 서신[*]

기도는 대화다[**]

　나는 『소교리문답』(십계명, 사도신경, 주기도, 세례, 성찬)을 활용해서 매일 기도합니다. 심지어 이것을 큰소리로 (읽거나 암송하며) 기도합니다. 내가 참으로 괴롭고 못 참는 것은 기도를 정해진 시간에 의무적으로 해야 한다는 압박과 방해입니다. 기도는 그런 식으로 공로를 쌓아 올리는 게 아닙니다. 기도란 우리가 거룩하신 주님과 이야기하며 삶의 모든 걸 정돈하는 것입니다. 이를 깨달을 때야 비로소 기도는 우리에게 참으로 도움이 되고, 기도 시간은 흔쾌히

---

[*] 　루터 자신과 탁상에서 함께 담화를 나누던 사람들은 거의 모든 경우 이중언어(독일어/라틴어) 사용자들이었다. 한 식탁에서 그들은 한 언어에서 다른 언어로 자연스럽게 넘나들었다. 전문적인 신학 문제는 꾸준히 라틴어로 대화했고, 일반적인 사안들은 독일어로 나누었다.

[**] 　WA TR 1, 47, Nr. 122. (1531년 11월 30일)

행할 수 있는 기쁜 시간이 됩니다.

기도로 시작하는 결혼*

결혼은 성에 대한 본성의 욕망, 자녀 출산, 그리고 서로 간에 정절을 서약하고 지키는 것 등등으로 구성됩니다. 마귀는 이런 결혼에 틈을 만들고, 그 자리에 미움보다 더 쓴 미움을 심으려고 시도합니다. 기도 없이 그저 상상으로 미래를 그리며 결혼을 시작한다면 마귀가 꾸미는 일이 현실이 되고 말 것입니다. 결혼을 앞둔 신실한 젊은이라면 이렇게 기도해야 합니다.

사랑하는 주님, 이 결혼에 당신의 축복을 더하소서!

그런데 대다수 사람이 결혼을 앞두고 이런 기도를 하지 않습니다. 모두가 돌치히Hans von Dolzig** 같아서 중대한 인생

---

* WA TR 1, 84. Nr. 185. (1532년 2~3월경)
** 한스 폰 돌치히Hans von Doltzig(1485~1551)는 종교개혁 시대 선제후령 작센의 귀족이며 명망 높은 정치가로서, 현자 프리드리히공Friedrich der Weisen과 그 후임인 요한공Johann dem Beständigen이 선제후였을 때 가장 유력한 정치 조언가였으나 그다음 선제후였던 요한 프리드리히 1세Johann Friedrich I. von Sachsen 때 직위를 박탈당했다(1547).

사를 기도 없이 자기 멋대로 진행합니다. 기도도 하지 않으면서 우리 주님께 무얼 기대할 수 있단 말입니까? 이건 전능자, 창조자, 모든 것들을 주시는 분이라는 그분의 이름을 망령되이 일컫는 일입니다. 사랑하는 친구 파이트Veit*여! 내가 캐티를 아내로 원했을 때 나는 이 마음을 솔직하게 기도했습니다. 그런데 당신은 아직 배우자를 위해 솔직하게 기도하지 않는군요. 기도해야 합니다.

생각 없는 기도**

루터의 애완견이 우연히 우리의 식탁 옆에 함께 했고, 입을 벌린 채 한 입 달라고 뚫어져라 주인(루터)을 바라보았다. 그때 마르틴 루터가 말했다.

오! 내가 고기를 바라보는 이 개처럼 기도할 수만 있다면, 어떨까요? 잘 보십시오. 지금 이 개의 모든 생각은 여기 있는 고기에 집중하고 있습니다. 이 개는 고기 외에 어떠한 생각도, 소망도, 미래에 대한 희망도 품고 있지 않습니다. 그런데 한 번 더 잘 보십시오. 이 '경건한 개'의

---

* 파이트 디트리히Veit Dietrich(1506~1549)는 루터의 동료이자 신학자다.
** WA TR 1, 115~116, Nr. 274. (1532년 5월 18일)

마음에 부족한 것이 바로 이 점입니다. 생각 없는 기도는
기도가 아닙니다.

기도와 계명*

기도를 할 때마다 우리의 소원이 그대로 다 이루어지지
는 않습니다. 그러나 주님께서는 "구하는 것마다 받을 수
있다"고 약속하셨습니다. 이 약속이 없다면 우리에게 기도
할 이유는 없을 것입니다(약 5:16). 한 가지 강조하고 싶은
것은 주님께서 우리의 요구를 척척 다 들어주시는 분은 아
니라는 점입니다. 이는 매우 당연한 일입니다. 그렇지 않
다면 우리는 우리 마음대로 만물을 움켜쥐려 할 것입니다.
살고 죽는 문제도 우리 주님께서는 똑같이 다루신다는 것
을 자주 경험합니다. 우리가 무언가를 바라지 않더라도 우
리가 신실하게 기도한다면 그분은 우리의 기도에 응답해
주실 것입니다. 언제든 말이지요. 그렇지 않다면 우리의
믿음은 헛된 것이겠지요. 물론 어떤 면에서 기도는 참 어
려운 일입니다. 우리는 주님께 기도 드림으로써 우리가 진
실로 무엇을 갈구하는지, 우리 자신이 누구인지를 알게 됩

---

* WA TR 1, 150. Nr. 358. (1532년 가을)

니다. 설사 육으로 간음한 일이 없다 할지라도 기도하면서 우리는 우리가 주님의 말씀과 명예를 거슬러 십계명의 첫 번째 돌판에 적힌 명령들을 어겼다는 점을 깨닫습니다. 그리고 두 번째 돌판에 담긴 다른 계명들도 다 지킬 수 없는 커다란 죄인임을 깨닫습니다.

기도와 자유[*]

수도사 시절, 저는 수도회에서 정한 기도 시간을 단 하루도 빠지지 않고 모두 지켰습니다. 기도 시간을 생략하거나 기도를 하라고 정한 시간에 빠지기를 바라지 않았기 때문입니다. 하지만 수많은 강연과 집필 때문에 너무 바빠서 때로는 일주일 전체, 심지어는 두 주 또는 세 주 동안 기도 시간을 지키지 못하고 기도회에 빠지기도 했습니다. 그때마다 얼마나 빠졌는지를 기억해 놓은 다음, 토요일이나 여유가 생기면 밀린 시간을 다 채울 때까지 식음을 전폐하고 기도에 열중하곤 했습니다. 3일 내내 그렇게 한 적도 있고, 언젠가는 5일 동안 잠 한숨 자지 않고 기도하다가 죽을 정도로 앓기도 했지요. 그런데 지금은 그렇게 하지 않습니

[*] WA TR 1, 220. Nr. 495. (1533년 봄)

다. 우리 주님께서 그러한 기도의 압박과 고통에서 나를 끌어내셨습니다. 그때까지 나는 사람들이 정해놓은 규율에 사로잡혀 포로처럼 살아왔습니다. 이러한 경험이 있다 보니, 이제 나는 내가 전하는 (복음의) 가르침에 즉각 동의하지 못하는 사람들을 기꺼이 용서할 정도가 되었습니다.

어린이 성찬

아이들이 성찬을 받을 수 있는지 어떤 사람이 질문하자 루터가 말했다.

> 어린이 성찬 문제는 그리 큰 문제가 아닙니다. 답을 이렇게 설명하면 좋을 것 같습니다. 십계명에는 기도하라는 명령이 나오지 않습니다. 그러나 주님께서 우리의 기도를 들어주심을 기대하며 기도하는 것은 일종의 명령입니다. 마찬가지로 '고난 받으라'는 명령도 십계명에 나오지 않습니다. 그러나 시련 가운데 인내하는 것은 신앙인에게 주어진 명령입니다. 그러면 생각해 봅시다. 우리 아이들은 기도도 안 하고, 그렇다고 고난을 겪고 있는 것

* WA TR 1, 157. Nr. 365. (1532년 가을)

도 아닙니다. 그러면 이 아이들은 주님의 명령을 따르지 않았으니 곧장 지옥에 가야 할까요? 아니요. 그런 생각은 말도 안 되는 논리지요. 수찬 금지와 관련해서 바울은 "각 사람은 자기를 살펴야"(고전 11:28) 한다고 가르친 바 있습니다. 이 구절은 모두가 잘 알고 있을 겁니다. 바울이 무턱대고 말했을까요? 아닙니다. 그는 서로 분쟁하는 교인들을 향해 이 가르침을 전했습니다. 여기서 바울이 염두에 두고 있는 대상은 어른이지 아이들이 아닙니다. [그러니 예배 때 아이들이 성찬 받는 걸 금지할 수 없습니다.]

사탄에 대항할 무기, 주기도문[*]

사탄은 그리스도의 적입니다. 그는 심판의 대상입니다. 사탄은 자신에게 임박한 심판의 형벌을 걱정하지 않습니다. 그의 관심은 오직 우리를 멸망시키는 데 있습니다. 그는 저를 죽이려고 덤벼드는 작센의 공작 게오르크와 같습니다. 그러나 사탄은 그와 비교할 수 없이 강하고 위험합니다. 사탄은 교회를 공격합니다. 그 때문에 우리가 할 수

---

[*] WA TR 1, 242, Nr. 518. (1533년 봄)

있는 최선은 우리의 손을 모으고 기도하는 것뿐입니다. [기도하고 있다면 걱정하지 마십시오.] 십계명을 거스르는 범죄로 양심이 괴로워도 괜찮습니다. 우리에겐 죄에 대항할 무기가 있습니다. 그것은 바로 주님께서 우리에게 가르쳐 주신 기도입니다.

기도는 저항이다[*]

마귀와 싸울 때 "거룩하신 주님의 말씀이 여기 있다"라고 소리친들 아무 소용없습니다. 그는 우리를 두렵게 만드는 속임수를 써서 우리의 무기를 순식간에 강탈해가기 때문입니다. 나도 그런 경험이 있습니다. 내가 마음속으로 주님을 부르며 항상 기도하고 있다는 걸 마귀는 너무 잘 알고 있습니다. 그런데도 마귀는 나를 향해 '기도하지 않는 놈'이라고 끊임없이 괴롭힙니다. 우리 주님께서 우리 곁을 한순간이라도 비우신다면 어떻게 될까요. 마귀는 기도라는 무기를 빼앗는 데 일가견이 있습니다. 주님께 도와 달라고 끊임없이 기도해야 합니다. "우리 아버지"라고 기도하지 않는 이는 누구도 마귀와 싸울 수 없습니다. 이는

---

* WA TR 1, 278, Nr. 590. (1533년 여름 혹은 가을)

매우 중요합니다. 마귀는 우리의 원수입니다. 그런데도 우리는 그에 대해 손톱만큼도 알지 못합니다. 마귀는 아브라함, 다윗과 같은 신앙의 조상들을 유혹했고 우리 머리 위에 서는 방법을 잘 알고 있습니다. 가룟 유다의 삶을 보십시오. 사탄의 유혹에 휘말리자 그는 주님 대신 자신의 신념을 중시했습니다. 그리고는 자신의 신념에서 나온 판단을 따라 움직였습니다. 그 결과가 어떻습니까? 그는 자신의 미래에 어떠한 일이 일어날지 전혀 알지 못했습니다. 마귀와 대적하는 사람은 자기 생각이 아니라 주님의 은총에 기대어 저항하는 법을 배워야 합니다.

중언부언*

에르푸르트에서 수도사로 있을 때 일입니다. 우린 하루에 사천 번 "우리 아버지!"라고 기도해야 했습니다. 그렇게 정해져 있었습니다. 한번은 어떤 수도사가 말했습니다.

> 내가 주님이라면, 수도사들이 중얼거리며 하는 기도는 아예 안 들을 겁니다. 그건 독백이지 기도가 아닙니다.

---

* WA TR 2, 11. Nr. 1254.(1531년 12월 14일 이전)

모세를 보십시오. 그는 홍해에서 많은 말을 하지 않았습니다. 다만 주님을 향해 울부짖었을 뿐이지요. 그러나 그것은 진짜 기도였습니다(출 14:15 참조).*

상심한 자를 위하여**

상심하여 침울해진 동료 멜란히톤Melanchthon이 아무도 만나려 하지 않자, 루터가 찾아가 권고했다.

지금 자네는 마음을 갉아먹고 있네. 나도 종종 극심한 시련을 겪고 슬픔에 잠겨 고통스러울 때가 있었네. 그럴 때 나는 사람들과 어울리려고 노력하지. 그때 그전까지는 별 볼 일 없다고 여기던 사람도 나에게 커다란 위로를 주더군. 낙심해서 홀로 있을 때는, 제아무리 해박한 성경 지식을 갖고 있다 하더라도 자기 자신을 통제할 수 없게 된다네. 우리 주님께서는 당신이 사랑하는 사람들을 말씀과 성례 주위에 모아 사귐의 공동체로 부르신다네. 사람들을 절대 구석진 곳에 밀어 넣지 않은 데는 다 이유

---

* 주님께서 모세에게 말씀하셨다. "너는 왜 부르짖느냐? 너는 이스라엘 자손에게 명하여, 앞으로 나아가게 하여라."(출 14:15)

** WA TR 3, 592. Nr. 3754. (1538년 2월 18일)

가 있어. 고독을 즐기며 거룩한 체하는 수도사와 은둔 수
도사를 멀리하게! 그런 건 모두 사탄이 만들어낸 것이네.
주님의 거룩한 모든 법이나 계획과 아무 상관없는 이들
이지. 거룩하신 아버지의 창조 계획대로라면, 모든 사람
은 가정적이거나 정치적이거나 교회적일 수밖에 없네.
사람은 그렇게 서로 사귀며 살도록 창조되었네. 그런 창
조원리에서 벗어난 사람이라면, 초자연적인 예외가 아니
라면 사람이 아니네. 진심으로 당부하네. 고독한 삶은 될
수 있는 한 피하게.

투르크의 침입에 대한 두려움*

기도합시다! 희망은 칼과 방패에 있지 않습니다. 오직
주님께 있습니다. 우리가 투르크인의 공격을 막아내지 못
할 것이라고 모두가 비관적으로 말합니다.** 우리 아버지
를 향한 가난한 아이들의 기도가 우리 모두를 지켜 낼 것
입니다. 나는 투르크인의 공격에 대비해 온갖 공사를 벌이
고 있는 영주들에게도 말합니다. 여러분, 왜 당신들은 성

---

* WA TR 5, 127, Nr. 5398. (1542년 4월 11일~ 6월 14일 사이)
** 1542년 봄, 투르크의 새로운 침략 위협이 있자 신성로마제국의 군
   대는 독일 지역 방어를 시작했고, 이에 따라 비텐베르크도 성벽을
   강화하기 시작했다.

벽을 세우는 데 그토록 많은 시간을 소비합니까? 기도하는 사람을 천사가 에워싸 방벽을 세워 주지 않는다면, 여러분이 쌓은 벽은 아무 소용이 없습니다. 천사가 쌓은 훌륭한 방벽은 돌로 쌓은 게 아닙니다. 그리스도인은 그것을 두고 특별하다고 부릅니다. 하지만 이렇게 얘기해봐야 소용없는 것 같습니다. 기껏 한다는 소리가 "그런 소리는 신학자들이나 하는 소리 아닌가요?"라고 조롱합니다. 여러분, 분명히 깨달아야 합니다. 지금 투르크인과 마귀가 우리가 쌓아 올리는 방벽을 우롱하고 있다는 걸 알아야 합니다. 우리 주위에 철벽을 두른다고 한들 투르크인은 그 지역을 에워쌀 것이고, 우리는 결국 그 안에서 굶어 죽고 말 겁니다. 그러니 어디 벽만 열심히 쌓아보십시오. 주님은 그렇게 거만한 우리를 떠나실 겁니다. "장하다. 그래 너희 혼자 한번 해 봐라. 내 도움이 필요치 않다니, 너희 마음대로 다 해보아라"라고 하실 겁니다. 성경의 예언자들이 외치던 소리를 들어보십시오. 다 이런 일 때문에 소리쳤던 것 아닙니까? 여러분, 우리가 해야 할 일과 그만두어야 할 일이 무엇입니까? 무엇을 해야 우리가 살 수 있을 것 같습니까? 도성의 방벽 쌓기를 그만두면 죽을 것 같습니까? 아니요, 그렇지 않습니다. 농부들이 농기구 대신 무기를 들면 살 수 있을 것 같습니까? 글쎄요. 그렇게 하면 모두 이 사태에서 도망할 수 있을까요? 아니요, 그런 것은 우리에게 아무런 해답도 안 됩니다. 그런 것으로는 아무런 답도 얻을 수 없습니다. 그리고 그렇게 해답을 얻을 수 없다는 건 바로 주님이 우리를 향해 진노하고 있다는 표징입니다.

중보기도*

서로를 위해 기도합시다! 의인이 간절히 비는 기도는 큰 효력을 낸다고 했던 야고보의 말은 지극히 옳습니다(약 5:16). 야고보서에서 가장 멋진 구절 중 하나지요. 주님은 당신의 약속대로 당신 자신을 기도에 붙들어 매셨습니다. 그러니 이 사실을 믿기만 하면 우리의 기도는 강력합니다.

성경 읽기와 기도**

아무리 탐구한들 우리의 지혜로는 성경에 담긴 뜻을 헤아릴 길이 없습니다. 이는 분명합니다. 그래서 성경을 묵상할 때, 당신이 해야 할 첫 번째 과제는 기도입니다. 당신

---

* WA TR 5, 244. Nr. 5565. (1543년 봄)

** WA BR 1, 133~134. (1518년 1월 18일 비텐베르크에서 친구 게오르크 슈팔라틴George Spalatin에게 보낸 서신)

이 주님의 말씀을 제대로 이해할 수 있도록 커다란 자비를 베풀어 달라고 간절히 기도하십시오. 당신 자신이나 다른 어떤 사람을 높이기 위해 기도하지 마십시오. 기도를 통해서는 오직 주님의 영광이 드러나기를, 그분의 기쁨이 되기를 바라야 합니다. "그들이 다 주님의 가르치심을 받으리라"(요 6:45)는 구절대로, 부르고 가르치신 분이 있기에 우리는 말씀을 제대로 이해하고 전할 수 있습니다. 성경을 제대로 이해하려면, 기도하면서 당신의 부지런함이나 지적 능력에 완전히 절망해야 합니다. 오직 성령께서 당신 마음에 주시는 것만 의지해야 합니다. 저를 믿으십시오. 저는 이 문제와 관련해 체험이 있습니다. 절망하는 겸손을 얻은 후 비로소 저는 다음으로 넘어갈 수 있습니다. 기도하고 성경을 차근차근 읽으십시오. 그리고 읽은 그 말씀을 당신 마음의 깊은 곳으로 가져가, 당신을 이해시킨 성령의 그 순한 이야기를 다시 잘 들어보길 바랍니다.

죄를 정화하는 도구*

원죄는 안식 없이 일하면서 그 효력을 키워갑니다. 심지어 원죄는 우리가 잠들어 있을 때도 쉬는 일이 없습니다. 인간이 탐욕과 불순종에 끊임없이 끌려가는 이유는 바로 이 때문입니다. 죄는 질병입니다. 이 질병은 우리가 의인으로 선언 받는다고 해서 중지되지 않습니다. 원죄는 어떤 식으로든 움직입니다. 바울 또한 로마서 7장에서 자기 안에는 다른 법이 있다는 것을 알고 있다고 이야기한 바 있습니다(롬 7:23).** 원죄가 쉬지 않고 우리 가운데 움직이고 있음을 인정한 것이지요. 죄는 종기에서 흘러나오는 고름 같아서 약을 발라 반창고를 붙여야 가라앉습니다. 원죄의 증상이 어디로 번질지 모릅니다. 그러나 우리 곁에는 의사, 즉 그리스도가 있음을 기억하십시오. 의사 덕분에 병의 정체를 알고 복을 누릴 수 있습니다. 죄의 질병은 매일 작아지고, 심판날 모든 것이 불로 정화되기까지 계속 깨끗하게 됩니다. 그 사이에 우리의 의사이신 그리스도는 우리를 치료합니다. 이를 위해 우리는 말씀을 듣고 기도하

---

* WA 39/I, 82~126. 칭의에 대한 논제 (논제 20)
** "내 지체에는 다른 법이 있어서 내 마음의 법과 맞서서 싸우며, 내 지체에 있는 죄의 법에 나를 포로로 만드는 것을 봅니다." (롬 7:23)

고 읽습니다. 기도하고 말씀을 듣고 묵상하고 성찬을 받기 위해 나가는 것은 우리 안에 도사리는 원죄의 종기와 부패를 치료하는 과정입니다. 모든 것이 깨끗하게 정화될 때까지 우리는 기도, 말씀, 성찬을 통해 우리 자신을 정화해야 합니다.

신학자가 갖추어야 할 세 가지*

내가 습득했던 올바른 신학 연구 방법을 알려 드립니다. 이대로만 하면 당신도 교부들의 글과 공의회 문서만큼 좋은 글을 쓸 수 있게 될 것입니다. 거짓말 하나도 보태지 않고 감히 말하건대, 저도 글쓰기만큼은 옛날 사람들보다 절대 뒤떨어지지 않습니다. 이것이 허풍이 아니라는 걸 하늘도 다 압니다. 하지만 이런 일로 저를 자랑하려는 게 아닙니다. 지금부터 말씀드리는 방법은 민족의 지도자이며 예언자였으며, 거룩한 왕인 다윗이 시편 119편에서 가르친 확실한 방식입니다.

거기서 우린 세 가지 원칙을 확인하게 되는데, 이는 시편 전체를 통해 풍성하게 소개되는 핵심이기도 합니다. 바

---

* WA 50, 658~660. (1539년 9월 29일) 독일어 전집 비텐베르크판 서문.

로 기도ₒᵣₐₜᵢₒ, 묵상ₘₑ𝒹ᵢₜₐₜᵢₒ, 시련ₜₑₙₜₐₜᵢₒ이지요. 성경을 공부하는 사람(신학자)이 가장 먼저 알아야 할 것은 성경의 과제가 모든 다른 책의 지혜를 어리석게 만드는 데 있다는 것입니다. 성경 외에 그 어떤 책도 영원한 생명을 가르치지 않습니다. 당신은 성경을 읽으면서 당신의 감정과 이성에 대해 낙담하게 될 것입니다. 이성으로는 영원한 생명을 이해하지도 얻어내지도 못하기 때문이지요. 혹시라도 이성으로 그렇게 할 수 있다는 오만을 여전히 갖고 있다면 루시퍼처럼 하늘에서 지옥 구덩이로 떨어지는 경험을 하게 될 것입니다.

이러한 이유로 성경을 연구하는 신학자에게 가장 먼저 요구되는 태도는 골방에서 무릎을 꿇는 겸손과 진지함을 가지는 기도의 자세입니다. 하늘 아버지께서 보낸 성령이 당신의 사랑하는 아들을 통하여 우리에게 깨달음의 길을 비추어 인도해주기를 간절히 기도해야 합니다. 당신이 아는 것처럼, 다윗은 시편 119편에서 간구했습니다.

주여, 나를 가르치소서.
나를 인도하소서, 나에게 보여주소서.

시편에는 이와 비슷한 말들이 무수히 등장합니다. 다윗이 이미 모세의 글과 다른 많은 책을 알고 있었고 이것들을 충실하게 듣고 읽었음에도 불구하고 곁에 올바른 교사를 두려고 했던 이유는, 다윗 자신이 이성에 사로잡혀 스스로 다 아는 교사가 되지 않기 위함이었습니다. 자신이 다 안다고 생각하는 교사들은 기도할 필요도 못 느끼고 성령도 필요 없습니다. 그런 사람들에게 성경은 모롤프Morolf*나 이솝 우화처럼 이성으로 쉽게 이해할 수 있는 신에 관한 이야기나 밥벌이 수단에 불과합니다. 그러나 이는 분명한 오해이며 착각입니다. 기도해야 합니다. 그래야 성경을 알 수 있습니다.

두 번째로 성경을 공부하는 사람은 묵상해야 합니다. 마음속으로 침묵하고 관조하는 관상법을 말하는 게 아닙니다. 제가 말하는 묵상은 외적인 것입니다. 성경에 있는 문자를 부지런히 소리 내 읽고 다시 읽어야 합니다. 소리를 통해 나오는 말씀의 뜻이 무엇인지 면밀하게 주목하고 고민해야 합니다. 이 과정을 통해 성령이 의도한 바를 조금씩 알게 될 것입니다. 또한 싫증 내지 말고 그 뜻을 새롭

---

* 중세 독일에서 유행하던 대화체 모험 서사시 '잘만과 모롤프'Salman und Morolf에 등장하는 인물.

게 찾아가는 노력을 기울여야 합니다. 한두 번 읽었다고 다 아는 것으로 넘겨짚지 말아야 합니다. 성경의 단어 하나, 구절구절마다 그 의미가 무엇인지 깊이 연구하며 찾아 나아가야 합니다. 그렇게 하지 않으면, 설익은 열매처럼 당신의 신학도 열매가 영글기 전에 땅에 떨어질 것입니다. 성경을 공부하는 사람은 시편을 낭독하는 다윗처럼 주님의 말씀과 계명을 밤낮으로 즐겨 말하고, 시로 만들어 노래하고, 매 순간 듣고 읽어야 합니다. 주님은 당신의 말씀을 직접 주시지 않고, 외적인 말씀을 통해서 우리에게 주십니다. 그러므로 주님의 말씀을 소리 내 읽고, 듣고, 노래하고, 힘들여 손으로 쓰는 것은 결코 헛수고가 아닙니다.

세 번째로 필요한 것은 시련tentatio입니다. 시련은 당신이 그동안 알고 이해했던 말씀이 도대체 무엇이었는지 실제로 가르칠 뿐 아니라 주님의 말씀이 얼마나 옳고 참되며 달콤하고 사랑스럽고 강하고 위로가 되는지 깨닫게 합니다. 시련은 모든 지혜보다 뛰어난 지혜의 시금석입니다. 다윗이 시편을 통해 자신이 대적해야 했던 온갖 원수들, 악한 왕과 독재자, 거짓 영과 무리에 대해 탄식하고 있다는 것을 우리는 쉽게 확인할 수 있습니다. 다윗은 이렇게 온갖 방식으로 말씀을 다룹니다. 묵상에 대해선 앞서 이미 다루었습니다. 그러나 다윗은 거기서 머물지 않았습니다. 그는 시련 속에서 말씀의 참뜻을 비로소 깨닫고 감사로 고백했습니다. 말씀은 시련을 통해 자라납니다. 그런 면에서 마귀는 최고의 신학 교수입니다. 마귀가 당신을 찾아와 당신을 참 박사로 만들 것입니다. 이 말은 곧 주님의 말씀과 그분의 사랑이 시련 가운데 더욱 선명해진다는 뜻입니다.

저 자신을 돌아보면 분명히 쥐똥에 불과합니다. 그런 저를 신학자로 만들어 세운 것은 분명히 시련입니다. 교황 주의자가 마귀처럼 날뛰며 저를 때리고 괴롭히고 두렵게 만들지 않았다면 저는 결코 신학자가 될 수 없었을 것입니다. 그들이 저를 괴롭히면서 얻어간 영광, 승리는 진심으로 그들에게 돌립니다. 그런 쓸모없는 것은 그들이 원하는 만큼 다 가져가기를 바랍니다.

여러분, 다윗을 본받아 성경을 공부합시다. 이대로만 하면 당신은 다윗과 함께 그의 시편 72편을 노래하며 기뻐하게 될 것입니다.

주님께서 나에게 친히 일러주신 그 법이
천만 금은보다 더 귀합니다.

당신은 나를 당신의 계명으로

내 원수보다 지혜롭게 만드니,

당신의 계명은 영원히 내 보물입니다.

나는 내 모든 교사보다 큰 학식을 얻었으니,

당신의 증언이 내 말입니다.

나는 내 조상보다 지혜로우니,

나는 당신의 명령을 지켰나이다.

이로써 당신은 교부들의 책이 얼마나 진부한 것인지 알게 될 것이고, 원수의 책을 경멸하게 될 것입니다. 그뿐만 아니라 쓰고 가르치는 일을 계속하면서 교황주의자들의 글이 마음에 들지 않게 될 것입니다. 당신이 이 정도 수준에 이르렀다면, 그것은 어린아이들과 미숙한 교인을 가르칠 수 있는 신학자가 되기 시작했다는 증거가 됩니다. 그러한 다음 이런 소망도 품으십시오. 성인 그리스도인들을 완전한 그리스도인으로 가르칠 수 있는 올바른 신학자가 되기를 힘써야 합니다. 지금 우리의 교회는 어리석고, 약하며, 늙고, 병든 사람도 있고, 반대로 지혜롭고, 건강하며 강하고 활동력이 있는 온갖 부류의 사람이 있기 때문입니다. 이들 모두에게 신학자가 필요합니다.

당신은 자신의 글과 책, 당신이 가르친 내용이 매우 탁월하다고 생각합니까? 당신 설교가 훌륭하다고 기뻐합니까? 당신이 글을 쓰고 설교할 때 사람들이 칭찬하면 흥분됩니까? 그런 칭송에 관심이 있다면, 칭찬이 끊어질 때 당신은 이 일을 그만두게 될 것입니다. 사랑하는 이여, 당신이 그런 사람이라면 당신의 그 가볍고 연약한 귀를 막아버려야 합니다. 대신 크고 길고 거친 나귀의 귀를 가져야 합니다. 그 귀를 갖기 위해 비용을 아끼지 말고 황금 방울로 장식하십시오. 당신이 어디로 가든지, 사람들이 당신 자신과 당신의 입담이 아니라, 당신 입에서 나오는 '주님의 말씀'을 들을 수 있도록 노력해야 합니다. 그러면 사람들이 손가락으로 그대를 향해 이렇게 말할 것입니다. "보라, 저기 귀중한 책을 쓰고 훌륭하게 설교할 수 있는 멋진 '짐승'이 간다." 이때 비로소 당신은 하늘의 복을 얻게 될 것이고, 마귀와 그의 종노릇 하는 이들에겐 지옥불이 준비되어 있다는 것을 알게 될 겁니다. 결론입니다. 성경을 연구하면서 오직 주님의 영광을 드러냅시다. 주께 영광. 주님은 오만한 자를 거스르나, 겸손한 자들에게는 은혜를 베푸십니다. 주님께 영원토록 영광이 있기를. 아멘.

당나귀처럼 하는 기도*

거룩한 그리스도의 교회는 주님을 향한 기도, 회중 찬송, 그리고 감사를 통해 겉으로 드러나고 확인됩니다. 바울이 디모데전서에서 가르치길, 기도와 찬송은 주님의 거룩한 소유물로서 교회를 만듭니다. 그러나 성직자랍시고 의미 없이 읊조리는 소리는 기도도 아니고 찬양도 아닙니다. 그들은 그 행동이 무엇인지 이해 못 할 뿐만 아니라 거기서 아무것도 못 배우기 때문입니다. 그런데도 그들은 그러한 기도를 당나귀처럼 꾸준히 합니다. 이유는 간단합니다. 배를 채우기 위해서지요. 그러나 개혁이나 성화, 주님의 뜻과 같은 것은 이와 전혀 상관없는 일입니다.

허풍쟁이 기도와 영적인 기도**

제자들이 기도하는 법을 알려달라고 했을 때, 그리스도 께서는 이렇게 말씀하셨습니다.

너희는 기도할 때에, 이방 사람들처럼 빈말을 되풀이하

---

* '공의회와 교회에 관하여'Von den Konziliis und Kirchen(1539), WA 50, 641.
** '평신도를 위한 주기도문 해설'Auslegung deutsch des Vaterunsers für die einfältigen Laien(1518), WA 2, 81.

지 말아라. 그들은 말을 많이 하여야만 들어주시는 줄로 생각한다. 그러므로 그들을 본받지 말아라. 너희 아버지 께서는, 너희가 구하기 전에, 너희에게 필요한 것이 무엇인지를 알고 계신다. 그러므로 너희는 이렇게 기도하여라. 하늘에 계신 우리 아버지 그 이름을 거룩하게 하여 주시며 … (마 6:7~13)

그리스도의 이 말씀에서 우리는 기도의 내용과 방식을 배울 수 있습니다. 어떻게 그리고 무엇을 위해 기도해야 하는지 배워야 하는데, 둘 다 필수적입니다. 어떻게 기도해야 하는지, 기도의 방식부터 봅시다. 우리의 기도는 말수는 적되, 내용과 뜻은 숭고하고 깊어야 합니다. 말이 적을수록 더 나은 기도고, 말이 많을수록 빈약한 기도가 됩니다. 말이 적고 의미가 풍부한 것이 그리스도교적인 것이고, 말은 많지만 속 빈 기도는 이방적입니다. 그리스도께서 제자들에게 "이방 사람들처럼 빈말을 되풀이하지 말라"는 말씀은 바로 이런 뜻입니다.

요한복음서에서 주님이 사마리아 여인에게 "예배(기도 Anbeten)를 드리는 사람은 영과 진리로 드려야 한다"고 말씀하신 것을 기억할 것입니다. 하늘 아버지께서는 바로 그런 기도자를 원하십니다. "영으로 기도한다" 또는 "영적으로 기도한다"는 말은 바람직하지 못한 기도를 반대하는 것이고, "진리로 기도한다"는 말은 허풍스러운 기도를 반대하는 말입니다. 허풍스러운 기도란 미친 사람처럼 생각 없이 중얼거리며 수다 떠는 것과 같습니다.

그렇게 기도하는 사람들이 심심찮게 많습니다. 그런 건 유창하게 보일지 모르지만, 진정성 없는 기도입니다. 반면, 영적이고 신실한 기도는 마음의 가장 내밀한 소원과 아픔, 소원을 그대로 드러냅니다. 전자는 외식꾼을 만들고, 후자는 성도를 만듭니다. 전자는 그릇된 안정감을 주고, 후자는 존귀한 아버지의 자녀를 만듭니다.

일상의 기도

우리에게는 군주, 도시, 백성, 식량, 돈이 있습니다.
그러나 우리는 그런 것에 의지하지 않고
당신을 신뢰합니다.
이 모든 것이 다 당신의 것이기 때문입니다.

아침 기도[*]

아침마다 잠자리에서 일어나 십자성호를 그리며 기도하기를
성부와 성자와 성령의 이름으로. 아멘.
그다음 무릎을 꿇거나 일어선 채로 사도신경과 주기도를 낭
송하고, 원한다면 아래와 같은 짧은 기도를 덧붙일 수 있습
니다.

하늘에 계신 아버지 감사합니다.
지난밤 당신께서는 저를 평안 가운데
보호해 주셨습니다.
간구하건대 오늘 하루도
모든 악행과 불의로부터 저를 보호해 주시고
무슨 일을 하든 당신의 기쁨이 되게 하소서.
제 몸과 영혼, 저의 모든 것을 당신 손에 맡깁니다.

[*] WA 30/I, 316.

거룩한 천사가 함께하게 하셔서

악한 원수가 힘쓰지 못하게 저를 도와주소서.

당신의 아들 예수 그리스도의 이름으로 기도합니다.

아멘.

이제 기쁘게 당신의 일터로 가십시오. 그리고 이 기도에 덧붙여 찬송을 부르거나 십계명을 암송해도 됩니다. 아니면 개인 기도 시간을 좀 더 가져도 됩니다.

저녁 기도[*]

저녁마다 잠자리에 들며 십자성호를 그리며 기도하기를

성부와 성자와 성령의 이름으로. 아멘.

그다음 무릎을 꿇거나 일어선 채로 사도신경과 주기도를 낭송하고, 원한다면 아래와 같은 짧은 기도를 덧붙일 수 있습니다.

---

[*] WA 30/I, 316.

하늘에 계신 아버지,

감사합니다.

당신께서는 오늘 하루 동안 저를

은혜 가운데 지켜 주셨습니다.

간구하오니,

오늘 범한 저의 모든 죄를 용서하여 주시고,

은혜 가운데 이 밤도 지켜 주소서.

제 몸과 영혼 그리고 저의 모든 것을

당신 손에 맡깁니다.

거룩한 천사가 함께하게 하셔서

악한 원수가 힘쓰지 못하게 저를 도와주소서.

당신의 아들 예수 그리스도의 이름으로 기도합니다.

아멘.

이제 평안히 잠자리에 드십시오.

식사 기도[*]

온 가족이 두 손을 모은 채 식탁 앞에 가지런히 모여 이렇게
기도하십시오.

> 만물이 모두 주님만을 바라보며 기다리니,
> 주님께서 때를 따라 그들에게 먹거리를 주십니다.
> 주님께서는 손을 펴사,
> 살아 있는 피조물의 온갖 소원을
> 만족스럽게 이루어주십니다. (시 145:15~16)

이제 주기도를 한 다음 이렇게 기도하십시오.

> 하늘에 계신 아버지, 우리에게 복을 내리시고,
> 우리에게 주신 당신의 자비로운 선물 위에
> 은혜를 더하여 주소서.
> 우리 주 예수 그리스도의 이름으로 기도합니다.
> 아멘.

---

[*] 라틴어로 '베네딕토 멘세'Benedictio mensae라고 한다.

식후 감사 기도*

식사를 마치면 역시 같은 방법으로 손을 모아 이렇게 기도하
십시오.

주님께 감사하여라.

그는 선하시며, 그 인자하심이 영원하다.

주님께 감사하여라.

그는 모든 육체와 들짐승과

우는 까마귀 새끼에게 먹을 것을 주신다.

그는 말의 힘이 세다 하여 기뻐하지 아니하시며

사람의 다리가 억세다 하여 기뻐하지 아니하시고,

자기를 경외하는 자들과

그의 인자하심을 바라는 자들을 기뻐하신다.

(시 106:1, 136:25, 147:9~11)

이제 주기도를 드린 다음 이렇게 기도하십시오.

---

* '감사기도'Gratias, WA 30/I, 316.

하늘에 계신 아버지,

우리에게 주신 모든 것을 감사합니다.

이제로부터 영원히 살아계셔서 다스리시는

우리 주 예수 그리스도의 이름으로 기도합니다.

아멘.

죽음 앞에서[*]

2월 26일, 병 때문에 구토를 심하게 하던 루터가 이렇게 기도했다.

아, 사랑하는 아버지,

이 가련한 영혼을 당신 손에 맡깁니다.

당신께 감사의 기도를 드립니다.

모든 피조물의 감사와 찬송과 기도를 받으실 주님,

이제 저에게 **빨리** 죽음을 허락하소서.

---

[*] WA TR 3, 388~390. Nr. 3543A. (1537년 2월)

이후 구토가 멈추자 이렇게 다시 기도했다.

나의 사랑하는 영혼아, 가자!
거룩하신 아버지의 이름 안으로 들어가자.
주님, 참으로 인간은 얼마나 연약하고 비참한지요!
저에게는 이제 아무 힘도 없습니다.
그런데 사탄이 제가 가지고 있는 이 마지막 기운조차
얼마나 성가시게 하고 방해하는지 모르겠습니다.
아버지, 저에게 사탄을 인내할 힘을 주셔서
당신의 굳건한 신실함 가운데 머물게 하소서 …

그가 다시 펑펑 울기 시작했다. 그리고 계속 기도를 이어갔다.

사랑하는 주님,
저는 작고 작은 당신의 피조물이며,
당신은 창조주이십니다.
저는 당신의 진흙이며
당신은 나의 토기장이십니다.
저에게 끝이 다가올수록
당신의 말씀을 더욱 굳건히 믿고

보존할 수 있기를 간절히 기도합니다.

그러나 주님, 그 반대가 될까 저는 두렵습니다.

우리 현실은 많이 깨달으면 깨달을수록

더 커다란 고난을 겪게 되니까요.

그 후 아몬드 수프를 조금 마시고 기도를 이어갔다.

사랑의 주님, 지금부터 영원까지

저를 돌아봐 주소서.

제 몸에 주신 이 병이 계속되면,

저는 결국 미쳐버릴 겁니다.

그러한 일이 일어나도,

당신은 여전히 능숙하고 현명하다는 것을

저는 잘 알고 있습니다.

선하신 주님, 이 작고 비참한 육체가

어떻게 죽어야 할까요!

저에게 예수 그리스도의 믿음이 없었다면,

지금 제가 칼로 저 자신을 죽여도

놀랍지 않을 정도로 고통스럽습니다.

저를 미워하는 마귀는

고통을 계속 크게 만들고 있습니다.

마귀가 저를 움켜쥐고 있습니다.

이 고통을 감당하기 힘듭니다.

오 그리스도시여, 당신께서 직접

이 고통을 갚아 주시길 간절히 빕니다!

저는 못된 교황을 혹평해 왔습니다.

이는 참으로 옳은 일입니다.

지금 저는 마지막 힘을 다해 그에 대항해야 합니다.

만일 주님께서 저에게 이 일의 대가로

어떤 선한 선물을 주시려거든

제 건강의 회복 대신

당신께서 마귀의 힘을 영원히 소멸시켜 주소서.

마귀는 우리에게 상처를 주지만,

당신은 결코 우리를 버리지 않으십니다.

종말의 때에 당신은

각자의 공로에 따라 보상하십니다.

주님, 바라건대 저를 데려가시고

마땅히 응징받아야 할 마귀를 징계하소서. 아멘.

교황을 향한 증오와 기도[*]

루터는 선제후령 작센의 귀족과 목회자들이 모인 자리에서 자신이 병으로 곧 죽게 될 것과 교회와 가정을 돌봐달라는 이야기를 한후, 자리에서 일어나 손으로 성호를 그으며, 주위에 모인 모두를 위해 이렇게 축복하며 기도했다.

주님, 이 자리에 모인 모든 사람에게
당신이 내려 주시는 복을 채워주소서.
또한, 이들에게 교황에 대한 증오를
충만히 채워주소서!

질병을 앓던 때를 회상하며 기도[**]

주님, 제가 일 년 전 슈말칼트에서
신장결석으로 죽었다면
지금쯤 모든 악에서 벗어나 하늘나라에 있었겠지요.

---

[*]   WA TR 3, 392. Nr. 3543B. (1537년 2월)

[**]   WA TR 3, 578. Nr. 3733. (1538년 2월 5일)

그때 의사들이 저를 아주 곤란하게 했습니다.

저를 황소처럼 취급하면서

무식하게 많은 물을 마시게 했습니다.

내가 숨기고 싶어 하는 곳은 물론이고

온몸의 마디마디 기운이 다 할 때까지 조사했지요.

그때 의사들 말을 따를 수밖에 없었습니다.

다시 회복하려면 시키는 대로 해야 했지요.

의사에게 몸을 맡긴 사람은 참 비참합니다.

물론 저는 의술을 당신께서 주신 선물로 믿고

이를 거부하지 않았지만,

세상에 완전한 의사가 어디에 있겠습니까?

그러고 보면, 평소에 밥 잘 먹는 게

아주 중요한 것 같습니다.

그래서 요새 저는 피곤하면 제가 습득한 식습관대로

잘 먹고 아홉 시에 잠들어 하룻밤 푹 쉬고 나면

다시 상쾌해집니다.

충분한 쉼 없이 일어나면

오랫동안 일을 할 수 없습니다.

아…. 어느덧 기도 시간이 다 지나갔네요.

주님께 기대어 삶[*]

주님, 각자 맡겨진 일을
온전히 감당할 수 있도록 우리를 도와주소서.
우리에게는 군주, 도시, 백성, 식량, 돈이 있습니다.
그러나 우리는 그런 것에 의지하지 않고
당신을 신뢰합니다.
이 모든 것이 다 당신의 것이기 때문입니다.

다투고 화해하는 아이들을 보고 기도[**]

아이들이 다투고 싸우다가 다시 화해하는 모습을 지켜보던 루터가
기도했다.

주님, 당신이 저렇게 노는 아이들 속에
함께 계신 것을 보고 깜짝 놀랍니다.
그러니 저 아이들이 서로에게 지은 죄를

---

[*]   WA TR 3, 655. Nr. 3844. (1538년 4월 19일)
[**]   WA TR 4, 38. Nr. 3964. (1538년 8월 17일)

저렇게 모두 용서하게 되는군요.

친구 니콜라스 하우스만*의 죽음 앞에서**

루터는 벗의 죽음에 깊은 충격을 받았다. 그는 친구들에게 둘러싸여 자꾸 울음을 터뜨리다 기도했다.

주님, 당신은 이처럼 언제나
선한 사람을 데려가십니다.
그런 다음 쭉정이를 불태우십니다.
성경은 말합니다.
"의인이 망해도
그것을 마음에 두는 자가 없고,
경건한 사람이 이 세상을 떠나도
그 뜻을 깨닫는 자가 없다."(사 57:1)

* 니콜라스 하우스만Nikolas Hausmann(1478~1538)은 1521년부터 츠비카우를 관할하는 목사였고, 그의 고향인 프라이베르크로 돌아가기 전인 1532년부터 1538년까지 비텐베르크의 근교인 데사우의 궁정 목사로 일하면서 루터와 오랫동안 신뢰를 쌓았다.
** WA TR 4, 124~125, Nr. 4084. (1538년 11월 6일)

시대가 험악합니다.

분명히 주님은 당신의 곡식 창고를 청소하실 겁니다.

하지만 바라기는, 제가 죽은 뒤에

제 아내와 아이들의 수명이

오래 이어지지 않길 기도합니다.

위험한 시대가 눈 앞에 펼쳐지고 있기 때문입니다.

세상에서 그러한 사악함을 겪지 않게 하여 주소서.

주님, 당신을 신뢰하니,

당신의 말씀으로 우리를 더욱 강하게 하여 주소서.

전쟁을 앞둔 두려움[*]

1539년 3월 15일, 브라운슈바이크에서 보헤미아 개신교인들을 공격하려고 가톨릭교도들이 군인을 징집한다는 소식이 들려오자 루터가 기도했다.

오 주여! 우리에게 평화를 주소서.

---

* WA TR 4, 293. Nr. 4396. (1539년 3월 15일)

우리를 구하시고 우리 죄를 용서해 주소서!

우리는 너무 악하고, 배은망덕하고, 고집이 셉니다.

사탄은 그렇게 우리 곁에서

잠도 안 자고 설쳐댑니다.

우리에겐 강한 요새와 군대가 없습니다.

그러니 적군은 언제라도 이 작은 땅을 침략하고

모든 것을 파괴할 수 있습니다.

고작 기쁜 일이라곤,

우리가 무력으로 선제공격하지 않은 것뿐입니다.

우리가 이 작은 땅에서 전멸하면

그 소란은 라인강을 넘어 바이에른까지 미칠 겁니다.

지금 우리는 사악한 브란덴부르크의 선제후

요아킴 2세와 작센의 게오르크 공작 치하에서

불안에 떨고 있습니다.

그러나 최고의 보호자이신 당신께서는

'내 뜻이 이루어지리라'고 말씀하셨습니다.

우리의 신앙이 부족하더라도

당신은 언제나 우리를 기다려 주셨습니다.

우리가 당신의 은총을 멸시하지 말게 하소서!

적이 우리를 공격할 때,

주님, 우리에게 견딜 힘을 주소서!

적군이 1 페니히를 획득하려면

1 길드를 걸어야 할 것입니다.

우리에게는 기회가 있습니다.

당신께서는 아모리 족속을 공포에 떨게 하시고

야곱을 지켜주셨습니다.

당신께서

"우리 편에 계시지 아니하셨더라면"(시 124:1)

우리는 오래전에 무너졌을 겁니다.

그들이 우리를 죽이더라도

아무것도 얻지 못할 겁니다.

[주님 우리와 함께하소서.]

추수 감사*

풍작을 예고하는 날씨가 되자 한숨을 쉬며 이렇게 기도했다.

아, 주님, 당신을 찬양합니다.

너무 멋진 날씨입니다. 당신은 자비로우십니다.

자격도 없는 우리에게 이런 날씨를 주시다니요.

이런 날 우리가 좀 더 경건해질 수 있다면

얼마나 좋을까요!

그렇게만 된다면 여기가 바로 낙원이요,

천국이겠지요.

그곳에서 우리의 모든 아픔과 괴로움은 끝날 겁니다.

애벌레, 개미 등 온갖 벌레가

우리의 열매를 갉아 먹지 않을 테고,

초록으로 덮인 만물은 즐거이 익어갈 것입니다.

---

* WA TR 4, 365~366. Nr. 4533. (1539년 4월 25일)

그러나 주님, 지금 우리가 사는 땅에는
원죄의 징벌이 곳곳에 퍼지며
모든 피조물에 불어 닥치고 있습니다.
풍작을 맞은 튀링겐과 마이센 지역에선
곡식을 낫질하는 데만 온통 정신이 팔려있습니다.
그러나 주님, 우리가 살아가는 이 작센에선
사람들이 풍요에 맘을 빼앗기기보다
임박한 당신의 심판을 두려워하게 하소서.

군주를 위한 기도[*]

주님, 당신은 확실하고 믿음에 찬
고백을 기뻐하십니다.
그러나 우리는 순전하지도 거룩하지도 않습니다.
군주들도 죄를 범하며 삽니다.
하지만 저는 우리의 군주들을 진심으로 존경합니다.

---

[*] WA TR 4, 601. Nr. 4991. (1540년 5월 21일~ 6월 11일 사이)

당신의 말씀에 순종하는 대신

황제 앞에서 고개를 숙이며 복종하겠다고

말 한마디만 했어도

그들은 황제의 총애를 받으며

편안히 살 수 있었을 겁니다.

그러나 그들은 모든 것을 던지고 신앙의 고백을 따라

자신과 가족, 영지를 위험 한가운데 던졌습니다.

이것이 황제와 교황을 두렵게 만들었지요.

또한, 그 일로 인해 많은 사람이 모여들고

더 많은 사람이 자기 신앙을

용감히 고백하게 되었습니다.

저는 진실로 거지입니다.

가진 게 아무것도 없으니

잃을 게 무엇이란 말입니까!

그러나 군주와 영주들은 다릅니다.

그들은 그리스도의 이름을 위해

자신의 명예와 주권을 잃어버릴 각오로

위험을 무릅쓴 것입니다.

주님, 당신께서는 우리가 완전히 거룩하지 않아도

그리스도의 피로 죄를 씻어주시고,

우리가 이 세상을 떠나면 내세에서
우리를 순결하게 만드시는 분입니다.
이제 당신께 저들을 맡기오니
예수 그리스도의 믿음을 통해
희망으로 존재하는 저 의로움에
만족하며 살게 하소서. 아멘.

성육신하신 그리스도를 보게 하소서*

주님, 당신께서 저를 통해
하실 일을 생각하면 괴롭습니다.
하지만 이제 그러한 생각을 모두 내려놓고
당신께서 계시하신 말씀만 굳게 믿으려고 합니다.
그러나 그것마저도 제 힘이 아니라
온전히 당신의 힘에 맡깁니다.
주님, 당신은 계시의 말씀 외에는
언제나 당신 뜻을 숨기는 분이십니다.

---

* WA TR 4, 641. Nr. 5070. (1540년 6월 11~19일 사이)

인간에게도 그리고 마귀에게도.

그 누구도 당신의 숨은 뜻을 찾을 수 없습니다.

그렇게 숨기신 이유는

매우 교묘한 영인 마귀를 속이기 위한 것이지요.

그 때문에 마귀는 항상 당신 대신 우리를 흔들어

당신의 계획을 알아내려고 시도합니다.

주님, 우리는 아무것도 알지 못합니다.

그러나 당신께서 이 땅에 몸을 입어

그리스도로 오신 것만큼은 확실히 압니다.

이 성육신의 진리가 당신의 뜻입니다.

어리석은 이들은 그리스도를 통해 계시된 말씀과

당신의 뜻을 경멸하고

신비한 일과 보이지 않는 미래만

탐구하고 추앙합니다.

결국, 그런 이들의 목이 부러지겠지요.

그러니 우리로 하여금 육체로 오신

그리스도를 보게 하소서.

믿음으로 당신의 길을 알게 하소서[*]

주님, 당신께서는 말씀하셨습니다.
"너희는 내가 왜 이 일을 하는지를 알려 하지 말고,
내 말을 명심하고, 그리스도를 믿고, 기도하라.
그러면 만사가 형통하리라."
이성의 빛, 은혜의 빛, 영광의 빛 가운데
당신의 길을 헤아릴 수 있게 하소서."

탐욕 때문에 망한다[**]

주님, 우리에게 주시는 당신의 선물이
얼마나 풍성한지요!
당신께서는 이리도 충분히 주시는데
우린 그것을 알아차리지 못합니다.
아담에게 온 세상을 주셨지만,

---

[*]   WA TR 4, 643. Nr. 5071. (1540년 6월 11~19일 사이)
[**] WA TR 5, 16. 5224. (1540년 9월 2~17일 사이)

아담이 보기에 세상은 아무것도 아니었고,
나무 한 그루를 향해 탐욕을 품었으며,
그 나무의 열매를 먹지 말라는 당신의 말씀을
따르지도, 금지의 이유를 묻지도 않았습니다.
오 주님, 오늘 우리의 세태도 똑같습니다.
당신께서는 말씀을 통해
하늘 뜻을 충분히 알려주셨지만,
우리는 말씀을 저버린 채
아무도 찾을 수 없는 숨겨진 뜻만 찾아 나섭니다.
그러니 우리가 망하게 된다면
그것은 지극히 당연한 일이겠지요.

죽어가는 딸을 위해*

딸의 병세가 위독해지자 루터가 기도했다.

주님,
제가 이 딸을 얼마나 사랑하는지 잘 아시지요?
하지만 제 딸을 데려가는 것이
당신 뜻이라면 기뻐하겠습니다.
이 아이가 당신과 함께 있게 된다는 것을
제가 잘 압니다.

그런 후에 그는 침상에 누운 딸에게 말했다.

나의 작은 딸 막달레나,
너는 여기서 아버지인 나와 함께 있어서

---

* WA TR 5, 189. Nr. 5494. (1542년 9월)

기뻤을 거야.

하늘 아버지에게 가는 것도 기쁘겠지?

아픈 소녀가 대답했다.

네, 아버지, 하늘 아버지가 원하시는 대로요.

아버지는 말했다.

너는 사랑스러운 아이구나.

그리곤 딸의 시선을 피하며 나지막이 말했다.

주님, 마음은 원이로되, 저의 육신은 약합니다.

(마 26:41)

루터는 날마다 딸의 침상 앞에 무릎 꿇고 고통 중에 죽어가는 딸을
구해 달라며 울며 기도했다. 며칠 후 딸은 아버지의 팔에 안겨 숨
을 거뒀고, 같은 방에 있던 어머니 폰 보라는 격한 슬픔 탓에 침상
에서 멀찍이 떨어져 있었다. 때는 1542년 9월 20일, 삼위일체 열다

셋째 주일 후 수요일 아홉 시가 지난 시각이었다. 사랑하는 딸 막달레나는 그렇게 주님의 품에 안겼다.

배우자를 위한 기도[*]

아내를 얻기는 매우 쉽지만, 그녀를 계속 사랑하기는 힘든 일입니다. 평생 그렇게 살 수 있는 남자라면 우리 주님께 참으로 감사해야 합니다. 아내를 얻으려는 남자는 신중한 마음으로 주님께 이렇게 기도해야 합니다.

주님, 아내 없이 살아가는 것이 당신의 뜻이라면,
그렇게 할 수 있게 나를 도와주소서.
그러나 주님, 그것이 저를 향한 당신 뜻이 아니라면,
저와 더불어 일생을 살아내며,
제가 아끼며 섬기고 사랑할
정숙하고 경건한 여인을 만나게 도와주소서.

---

[*] WA TR 5, 214. Nr. 5524. (1542~1543년 겨울) 친구 루카스가 결혼에 대해 질문하자 이렇게 답했다.

혼인은 육체적 결합 이상의 일입니다. 두 사람이 살아가는 삶의 방식과 생각이 모두 조화를 이뤄야 합니다.

므낫세의 기도[*]

오 전능하신 주님,
아브라함과 이삭과 야곱의 주님,
그리고 모든 의로운 후손들의 주님,
당신께서는 하늘과 땅의 모든 것을
아름답게 만드셨고,
말씀으로 바다를 묶어 깊이를 정하셨으며
당신의 놀랍고 영광스러운 이름으로
깊음을 막으셨습니다.
만물이 당신에게 떨며,
당신의 권능 앞에서 진동합니다.
당신의 영광스러운 광채는 감당할 수 없고
죄인들을 위협하는 당신의 진노는

---

[*] '고해에 대하여'Confitendi ratio(1520), WA 6, 169.

저항할 수 없습니다.

그러나 당신이 약속한 자비는

측량할 수 없으며 헤아릴 수 없습니다.

당신은 지극히 높은 주님이시며,

큰 긍휼을 지니셨고, 오랫동안 참으시며,

매우 자비로우시며,

인간들의 악행을 참지 못하시기 때문입니다.

오 주님, 당신께서는 당신의 위대한 선하심에 따라

우리에게 회개와 용서를 약속하셨습니다.

오 주님,

당신은 아브라함과 이삭과 야곱을 위한

참으로 의로운 자들의 주님입니다.

그 때문에 죄 없는 의인에겐

회개를 명하지 않으셨습니다.

당신이 약속하신 회개의 용서는

저와 같은 죄인을 위한 말씀입니다.

오 주님,

제가 지은 죄는 바다의 모래보다 많고,

그 죄악은 매일 늘어납니다!

저는 많은 짐을 무겁게 지고 있으며,

그리하여 평안을 누리지 못합니다.

저는 당신 앞에서 악을 행하였으며,

끔찍한 일을 행했고, 그 범죄는 늘어만 갑니다.

제가 지은 죄는 악하며

당신의 진노를 피할 길이 없습니다.

이제 저는 당신의 선하심과 자비하심을 구하며

무릎을 꿇습니다.

오 주님,

저는 죄를 지었습니다. 죄를 지었습니다.

저의 악행을 자백합니다.

간절히 당신께 구하오니, 저를 용서하여 주소서,

오 주님, 저를 용서하여 주소서!

저를 파멸시키지 마소서. 악한 일에 굴복하거나

이용당하지 않도록 저를 붙들어 주소서.

당신은 보잘것없는 존재도

크신 자비로 구원하시는 분입니다.

제 모든 인생에 걸쳐 주님을 찬양합니다.

하늘의 모든 천군 천사가 당신을 찬양하며

그 영광이 영원히 당신의 것이기 때문입니다. 아멘.

가뭄과 기도[*]

가뭄이 들자 루터가 하늘을 우러러 기도했다.

천지를 주재하시는 분이시여,

당신께서는 다윗의 입술을 통해

당신을 부르는 모든 사람에게 가까이 계시고,

진심으로 부르는 모든 사람에게 가까이 계신다고,

당신을 경외하는 사람의 소원을 이루어 주시고,

그들의 부르짖는 소리를 듣고

구원해 주신다고 말씀하셨습니다(시 145:18~19).

그런데 왜 우리에게 비를 내려 주지 않습니까?

우리에게 비를 주시지 않으려거든

적어도 우리에게 안전하고 평화로운

삶을 주셔야 하지 않습니까.

이렇게 우리에게 아무것도 안 주시면서,

죄인들에게

"너희가 아버지께 무엇을 구하던지 나의 이름으로

---

* WA TR 2, 223. Nr. 3222A. (1532년 6월 9일)

[그분께서 그것을 너에게 주실 것이다.]"(요 16:23)
라는 말씀을 하실 수 있나요?
주님, 당신은 분명히 우리 마음 깊은 곳에서
당신의 이름을 부르며 탄식하는 것을
아시는 분입니다.

그날 밤, 비가 내렸다.

죽음 준비 기도*

참된 의사이신 그리스도께 기도합시다.

주님, 우린 모두 마지막 순간을 맞게 됩니다.
마지막 숨을 내쉬는 그 순간,
활기찬 최후를 맞을 수 있도록
우리를 도와주소서. 아멘

---

* WA TR 2, 428. Nr. 3580. (1537년 3월 28일~ 5월 27일 사이).

파문 위협과 기도[*]

주님,

이 책을 읽거나 듣는

모든 선한 그리스도인들에게

당신의 은혜와 평강을 주소서. 아멘.

근래에 많은 사람이 배우며 깨닫고 있습니다.

평신도들에게도 그리스도교의 진리를 알도록 하신

거룩하신 아버지, 그리고 우리 주 예수 그리스도께

찬송과 영광을 돌립니다.

그분으로 인해 전 세계는 거짓과 위선에서 벗어나며,

참되고 선한 교회 지도자가 누구인지,

그리고 교회의 토대가 무엇인지

올바르게 분별하기 시작했습니다.

오랫동안 참된 교회는 조작된 법령 가운데

숨겨져 있었습니다.

사람들은 믿음이 아닌

---

[*] WA 7, 449. 1520년 6월 15일 루터를 향해 공표된 교황 레오 10세의 파문 예비 교서 「주여! 일어나소서」Exsurge Domine에 대한 루터의 답변서 中.

성직자의 화려한 복장과 복잡한 예식,

다양한 기도회, 휘황찬란한 행사와 헌금을 통해

구원받을 수 있다고 가르쳐 왔습니다.

선하신 당신은 이제 교회에서

그러한 허위와 오류가 통용되지 못하게 하십니다.

이제 당신께서 일하시는 것을

우리는 눈으로 보게 될 것입니다.

그 결과를 소망하며 기도합니다. 아멘, 아멘.

주님,

당신의 선하고 자비로운 뜻을 따라(빌 1:6)

당신의 일을 완전하게 하소서.

우리가 이것이 당신의 은혜임을 알게 하시어,

모든 일에 감사하게 하소서.

주님,

불쌍한 영혼들이 마귀의 속임과 사기에

방황하지 않게 하여 주소서.

당신께서 이루시는 복된 결과를 위해

진실하게 기도하는 은혜를 더하여 주소서.

아멘, 아멘.

빚 탕감을 위한 기도[*]

오 주님,

저는 다른 이들에게 빚을 졌습니다.

저에게 빚진 이들도 있습니다.

누군가 제게 빚진 것이 있다면

이 빚들을 하나부터 열까지 전부 탕감하겠습니다.

오 주님, 간구합니다.

저를 용서하여 주소서.

변비^{**}

주님,

지금 저는 고통스러운 변비로

고생하고 있습니다.

변비 때문에 너무 힘들어

---

* '성만찬에 관한 설교: 열광주의자들에 반대하여'Sermon von dem Sacrament des Leibs und Bluts Christi, wider die Schwarmgeister(1526), WA 19, 517.

** 앞의 서신. WA BR 2, 332~333. (1521년 5월 12일 바르트부르크에서 필립 멜란히톤에게 보낸 서신)

땀나도록 온 힘을 써야 했고,

똥을 참는 시간이 길수록

변비의 고통은 더 심해집니다.

어제는 사흘 만에 겨우 변을 볼 수 있었지만

밤새 고생하며 잠을 못 잤고,

지금도 여전히 불편합니다.

이 통증을 정말 참기 어렵습니다.

제발 저를 도우소서.

교회를 향한 진노의 날[*]

마르틴 루터는 교회 상황을 온종일 골똘히 생각하다가 기도했다.

주님,

당신께서 모든 인생을 허무하게 창조하셨다는

시편 말씀(89편 47절)이 이루어지고 있음을

깨닫습니다.

---

[*] WA BR 2, 332~333. (1521년 5월 12일 바르트부르크에서 필립 멜란히톤에게 보낸 서신)

로마에 있는 적그리스도 왕국에

당신의 진노가 임할 것을 그려보니

그저 끔찍하기만 합니다.

"살해된 저의 백성, 저의 딸을 생각하면서

제가 낮이나 밤이나 울 수 있도록"(렘 9:1) 도우소서.

"아무도 주님의 이름을 부르지 않습니다." (사 64:7)

진노의 마지막 날,

이스라엘의 집을 위해 성벽을 쌓는

당신께만 의지하려고 움직이는 사람도 없습니다.

진노의 마지막 날 전쟁에 대비하고자

이스라엘의 집을 위해 자기 몸을 벽으로

세워 놓는 자가 없습니다(에 13:5, 22:30).

오 교권에 찌든 왕국이여,

시대의 마지막 자락에서 네가 멸망하는 것으로

그 값을 치르리라!

오 주여, 우리에게 자비를 베푸소서!

참회 기도*

오, 나의 사랑하는 주 예수 그리스도시여!
당신께서는 가련한 저의 영혼을 아십니다.
지금 저의 심장은 산산이 무너져 내려앉았습니다.
기댈 곳 없는 제가 당신을 향해 간절히 기도합니다.
주님, 저는 당신의 뜻을 따르겠다고 하면서
매번 죄를 저지르며 살았습니다.
병들어 죄에 빠진 저를 용서하여 주소서.
주님,
당신께서는 욕망에 사로잡힌
저의 모든 것을 아십니다.
이 가련한 죄인은 항상 당신의 선한 의지와
사탄의 악한 유혹 사이에서 방황하며 갈등합니다.
저에게 그리스도에 대한 믿음을 주시어
바르고 진실한 길을 선택하여 걷게 하소서.
주님,
저에게 은총을 베풀어 주소서.

---

* WA 48, 275.

곁에 있는 이들을 제 심장처럼 돌보게 하셔서

형제의 정을 나누게 하여 주소서.

인내를 주소서.

저를 박해하고 욕하는 이들을 참게 하시어

배반하는 베드로가 아니라

일곱 번이라도 참는 그리스도인이 되게 하소서.

구하오니 저로 하여금 위로자가 되게 하소서.

침 뱉고 고소하는 이들을 위로하는 진실한 목회자,

영혼의 위로자가 되게 하소서.

당신께서는 제게 필요한 모든 것을 아십니다.

가장 좋은 때, 가장 선한 것으로

응답하고 도와주소서.

당신의 뜻이 하늘에서 이루어진 것 같이

제게도 은총 가운데 이뤄지게 하소서.

당신의 이름만 영원무궁하기를.

흑사병*

오. 주님!

당신께서는 가난하고 불쌍한 피조물들을 아십니다.

우리는 심히 연약하여 당신의 거룩한 말씀 앞에서

감사할 줄 모르고,

당신의 뜻을 제 맘대로 구부려가며 삽니다.

주님,

우리를 불쌍히 여겨 주소서.

지금 우리는 범죄로 인해

지독한 역병에 시달리고 있습니다.

우리의 교만을 징계하시되,

당신의 자비 가운데

새로운 피조물로 거듭나게 하여 주소서.

탄원을 들어주시는 주님,

당신께 간절히 구하오니,

우리가 당신의 말씀과 뜻을 경청하게 하시고

이 병을 거두어주소서.

---

* WA 35, 632.

그리하여 당신이야말로 우리의 가장 자비로운

하늘 아버지이심을 깨닫게 하소서.

당신의 사랑하는 아들이며

우리의 대언자* 되신 예수 그리스도의 이름으로!

---

* 나의 자녀 여러분, 내가 여러분에게 이렇게 쓰는 것은, 여러분으로
하여금 죄를 짓지 않도록 하려는 것입니다. 누가 죄를 짓더라도,
아버지 앞에서 변호해 주시는 분이 우리에게 계시는데, 곧 의로우
신 예수 그리스도이십니다. (요일 2:1)

예배와 기도

모든 죄인과 눈먼 자들이
당신의 아들 예수 그리스도가 주시는
바른 믿음과 깨달음을 얻게 하소서.

주기도로 드리는 기도[*]

설교가 끝나면 주기도 순서를 알리고, 성찬에 참여할 사람들에게 권하십시오. 더 좋은 방법이 있다면 그 방법을 써도 됩니다.

사랑하는 그리스도의 친구들이여,
우리는 지금 거룩한 복음의 약속을 받기 위해
그리스도의 이름으로 모였습니다.
여러분께 권합니다.
우리의 주님이신 그리스도께서 가르치셨고,
응답해 주시겠다고 약속하신
'주님 가르치신 기도'를 마음을 다해
한목소리로 드립시다.

---

[*] '독일 미사와 예배 규정'Deutsche Messe und Ordnung des Gottesdiensts(1526), WA 19, 95~96.

하늘에 계신 우리 아버지.

빈궁한 당신의 자녀들을 돌아보시고

은혜를 내려주시어

당신의 이름이 우리 가운데,

그리고 온 세계 위에 높여지게 하소서.

당신의 거룩한 말씀이 온 세계에

순수하고 바르게 선포되게 하시고,

우리가 뜨거운 사랑 가운데 살게 하셔서,

당신의 이름을 더럽히는

거짓 가르침과 악한 삶을

거부하게 하소서.

당신의 나라가 이 땅에 임하여 확장되길 기도합니다.

모든 죄인과 눈먼 자들,

마귀의 나라에 사로잡혀 사는 모든 이들이

당신의 아들 예수 그리스도가 주시는

바른 믿음과 깨달음을 얻게 하소서.

그리하여 이 땅에

그리스도인들이 점점 많아지게 하소서.

성령을 우리에게 주시어

강하거나 약하거나, 살거나 죽거나,

선하거나 악한 일을 당할 때,

오직 그분의 뜻을 붙잡고 견뎌내며,

항상 우리의 뜻을 꺾어

우리 자신을 당신께 드릴 수 있게 하소서.

일용할 양식 주시길 기도합니다.

내 배만 채우려는 욕망과 염려 대신

우리 모두에게 필요한 선한 것을

풍족히 공급해주심을 신뢰하게 하소서.

우리가 우리에게 죄지은 자를 용서하는 것처럼,

우리의 죄를 용서하여 주소서.

당신의 용서를 믿는 우리가

어떤 상황에도 양심의 찔림 없는

평안과 기쁨 가운데 살게 하시고,

어떤 죄의 유혹에도

두려워하거나 떨지 않도록

우리를 도와주소서.

우리가 시험에 들지 않게 도와주소서.
우리를 세상 길로 이끄는
저주받은 육신의 소유욕과
마귀가 인도하는 모든 악한 것을
성령의 도움으로 이기게 하소서.

우리의 육체와 영혼을 모든 악에서 구하소서.
지금부터 영원무궁토록.

참으로 이 모든 일이 우리 가운데 일어나길 소망하는 이들은
마음 깊은 곳에서부터 이렇게 말합시다. "아멘." 아멘은 "예"
라는 말입니다. "아멘"으로 응답한 우리 모두에게 이 모든
것들이 하늘로부터 이루어질 것입니다. 이것은 그리스도의
약속입니다.

무엇이든지 기도하고 구하는 것은 받은 줄 믿으라.
그리하면 너희가 받게 되리라. (마 11:24)

아멘.

거룩송 다음 기도[*]

전능하신 주님, 감사합니다.

당신께서는 이 거룩한 [성찬의] 선물을 통해

우리를 새롭게 하셨습니다.

기도하오니,

이 은사를 통해 우리에게 자비를 베풀어 주소서.

주님을 향한 굳건한 믿음과 이웃을 향한

뜨거운 사랑 가운데 살게 하소서.

우리 주 예수 그리스도의 이름으로 기도합니다.

아멘.

　　주께서 네게 복을 주시고, 너를 지키시기를 원하며

　　주께서 그 얼굴로 네게 비추사

　　은혜 베푸시기를 원하며

　　주께서 그 얼굴을 네게로 향하여 드사

　　평강 주시기를 원하노라. (민 6:24~26)

---

* '독일 미사와 예배규정'Deutsche Messe und Ordnung des Gottesdiensts(1526),
WA 19, 102. 이 기도문은 기독교한국루터회 주일 공동예배 의식서
'24. 시므온의 노래' 다음 이어지는 '25. 기도', '26. 아론의 축도'(민
6:24~26)에서 그대로 쓰이고 있다.

세례식 기도[*]

집례자는 아이의 눈 밑에 세 번 숨을 불어넣고 말하십시오.

떠나라. 너 부정한 영이여. 성령 받으라.

이제 아이의 이마와 가슴에 십자표식을 긋고 말하십시오.

너의 이마와 가슴에 거룩한 십자가의 표를 주노라.

함께 기도합시다.

오, 전능하고 영원하신 아버지,
당신은 우리 주 예수 그리스도의 아버지입니다.
이 ○○○을 보소서.
믿음 안에서 양육하기 위해 부르신 당신의 종입니다.
이 아이의 마음에 깃든 무지를 몰아내시고,

---

[*] '세례예식문'Das Tauff buchlin verdeutscht(1523), WA 12, 42., 비교. '개정된 독일어 세례 예식서'Das Tauffbuchlin verdeudscht, auffs new zu gericht(1526), WA 19, 537~541. 1523년도 의식서와 1526년 의식서는 순서상의 차이는 있으나 기도문은 거의 일치한다.

모든 사탄의 덫을 부수어

당신을 향한 은총의 문을 열어주소서.

주님, 이 아이를 받으소서.

당신의 지혜를 새기사 모든 악을 물리치고,

사악한 욕망의 악취를 이기게 하시며,

당신의 교회를 기쁘게 섬기며,

당신이 주신 세례의 은총으로 날마다 자라나

당신의 뜻에 합당한 자가 되게 하소서.

우리 주 예수 그리스도의 이름으로 기도합니다.

아멘.

함께 기도합시다.

오 거룩하신 아버지,

당신은 기도하는 사람들의 영원한 위로이며

구원자이십니다.

당신께서는 기도하는 사람에게 평강을,

죽은 자를 살리는 당신의 능력을

믿는 자에겐 생명을 약속하셨습니다.

이제 세례받는 ○○○를 위해 기도합니다.

당신이 베푸시는 세례의 은총으로 거듭나게 하시고,

당신의 자비로 받아주소서.

"구하라, 그리하면 받을 것이요.

찾으라, 그리하면 찾을 것이요.

두드리라, 그리하면 열릴 것이라" 약속하셨습니다.

이제 구하는 자에게 선한 것을 주시고,

두드리는 자에게 문을 열어주소서.

하늘의 물로 씻음 받는 ○○○에게

영원한 복을 주시어,

당신이 약속한 나라에 들어가게 하소서.

우리 주 예수 그리스도의 이름으로 기도합니다.

아멘.

집례자는 아이를 받아들고, 소금을 손에 집고 입에 넣으며
이렇게 말합니다.

○○○! 지혜의 소금을 받으라.

이 지혜가 너를 영생으로 인도하리라. 아멘.

평강이 있을지어다.

함께 기도합시다.

전능하고 영원하신 아버지,
당신께서는 불신앙의 세계를
홍수로 엄하게 심판하지만,
믿음의 자녀인 노아와 그 가족은
보호하시는 분입니다.
파라오의 군대는 냉혹하게 바다에 던져넣지만,
당신의 백성 이스라엘은
그 바다에서 마른 땅으로 옮기시는 분입니다.
이 모든 것은 당신이 베푸실 세례를
깨닫게 하려는 준비였습니다.
이제 요단강에서 우리 주 예수 그리스도의
세례를 통해 보여주신 것처럼
모든 물을 생명의 홍수로 거룩하게 하셔서,
당신이 사랑하는 자녀들의 죄를
강력하고 완전하게 씻어주소서.
전능하고 영원하신 주님,
기도하기는 당신의 한없는 자비로
이 ○○○의 영에 진실한 믿음의 복을 내려주시어

아담으로부터 전해진 모든 것들,

그리고 ○○○이 스스로 더한 모든 것이

이 구원의 물에 삼켜지고 깊이 가라앉게 하소서.

불신앙의 자리에서 거룩하게 구별되며

거룩한 방주인 그리스도의 나라에서

안전하게 보호받으며,

그 나라를 향한 뜨거운 소망 가운데 기뻐하며,

늘 당신의 이름을 높여 살게 하시어

당신이 약속하신 영생을

모든 믿음의 자녀들과 함께 누리게 하소서.

우리 주 예수 그리스도의 이름으로 기도합니다.

아멘.

[이어지는 순서는 축귀 선언이다]

기도합시다.

주님, 당신은 모든 진리를 밝히시는

거룩하고 영원한 하늘 아버지입니다.

기도하오니,

당신의 영원하신 자비와

포근하고 선하신 복을
우리에게 내려주소서.
당신에 대한 지식의 빛으로
○○○를 깨우쳐 주소서.
정결하고, 거룩하게 하시어
올바른 이해에 이르게 하소서.
그리하여 이 사람이 당신이 베푸신
세례의 은총 앞에 당당히 서게 하시며
확실한 소망, 진실한 권고, 거룩한 가르침을 받아
세례에 합당한 자 되게 하여 주소서.
우리 주 예수 그리스도의 이름으로 기도합니다.
아멘.

[이어지는 순서는 주님의 말씀과 세례 문답]

(세례반에서 아이에게 물로 세례를 베풀며)
○○○, 나는 너에게
아버지와 아들과 성령의 이름으로 세례를 주노라.
전능하신 우리 아버지께서
물과 성령으로 너를 거듭나게 하셨고,

네 모든 죄를 사하시고,

이 구원의 기름을 부으사

네게 영원한 생명을 주시노라.

아멘.

혼인 기도[*]

주님,

당신께서는 남자와 여자를 창조하시고

저들에게 혼인을 명령하셨습니다.

태의 열매인 저들에게 복을 주소서.

당신의 사랑하는 아들 주 예수 그리스도와

그의 아내 된 교회의 신비한 합일을

모형으로 삼으사, 남자와 여자를 혼인케 하셨습니다.

당신의 한없는 선함과 자비를 간구하오니,

당신이 창조하신 혼인의 명령을 통해 약속하신 복이

흔들리거나 파괴되지 않도록

---

[*] '일반 목사를 위한 결혼 예식서'Ein Traubücherlein für einfältigen Pharrherr(1529), WA 30/III, 74~80.

당신의 은총으로

이들을 보호하여 주소서.

우리 주 예수 그리스도의 이름으로 기도합니다.

아멘.

일반 신자와 목회자를 위한 간단한 죄의 고백[*]

주님의 뜻에 따라 당신의 영혼이 선한 위로를 얻고 싶을 때
이렇게 목사 앞에 고백하십시오.

저는 참으로 가련한 사람입니다.

주님, 저는 죄인이고, 연약합니다.

슬픔 가운데 당신께 고백하오니,

저는 당신의 명령을 지키지 않았고,

복음을 진정으로 믿지도 않았습니다.

선한 일을 행하지도 않았습니다.

이 비참함을 참아내기 힘듭니다.

특별히 ○○○하는[**] 죄를 지어

제 양심이 짓눌려 있습니다.

목사님께 진심으로 요청합니다.

---

[*] WA 30/I, 343.

[**] 자신을 양심을 누르고 있는 구체적인 죄의 항목을 고백한다.

주님을 대신하여 세워졌으니,

당신의 입을 통해 저의 죄가 용서받았다고

선언해 주시고,

주님의 말씀으로 위로받게 하여 주십시오.

다른 고백문*

주님과 당신(목사) 앞에서 고백합니다.

저는 비참한 죄인입니다.

주님을 믿지도 않고, 그분을 모독했습니다.

또한, 주님의 말씀대로 살지도 않았습니다.

말씀을 들을 때, 진심으로 받아들이지 않았고,

이웃에게 사랑을 나눠주지도 않았습니다.

분노, 증오, 시기만 가득했습니다.

저는 조급하고, 탐욕스러우며 표독합니다.

제 마음과 양심이 무겁습니다.

이제 죄에서 벗어나 기쁨을 누리며 살고 싶습니다.

---

* WA 30/I, 344.

주님의 말씀과 약속으로

저의 작은 믿음을 강건케 하시고,

연약한 양심을 부드럽게 위로하여 주소서.

목사*: 주님께서 당신에게 은혜를 베푸시고

　　　당신의 믿음을 강하게 붙들어 주실 것입니다.

　　　아멘.

　　　당신은 내가 선언하는 사죄의 복음을

　　　주님이 주시는 용서의 선언으로 믿습니까?

신자: 예.

목사: 네가 믿은 대로 될 것이다(마 8:13).

　　　우리 주 예수 그리스도의 명령에 따라,

　　　너의 모든 죄가 사하여졌음을

　　　성부와 성자와 성령의 이름으로 선포하노라.

　　　아멘.

　　　이제 평안히 가십시오(눅 7:50, 8:48, 막 5:34)

---

* WA 30/I, 387.

공동 고백[*]

회중은 이렇게 고백한다.

전능하시고 자비로우신 아버지,

당신께 저의 모든 죄와 허물을 고백하오니

이 불쌍한 죄인의 고백을 들어주소서.

저는 생각과 말과 행위로 죄를 지었으며,

원하는 선은 행치 아니하고

원하지 않은 악을 행하였습니다.

저는 마음을 다하여 주님을 사랑하지 않았으며,

이웃을 제 몸과 같이 사랑하지도 않았습니다.

당신의 아들 주 예수 그리스도를 보시고,

저를 불쌍히 여기소서.

저를 용서하시고 새롭게 하소서.

당신 뜻 안에서 기뻐하며 당신의 길을 걸으며

당신의 거룩하신 이름을 영화롭게 하소서.

---

* '주일 공동예배에서 온 교인들이 공동으로 고백하는 죄의 고백',
『소교리문답』(1529), WA 30/I, 412.

평신도가 서로에게 죄를 고백하고 용서할 때*

어떻게 죄를 고백해야 합니까?

고백을 받는 성도에게 이렇게 말하십시오.

저의 죄를 고백하오니 들어주시고 주님의 뜻에 따라
저에게 사죄 선언을 해 주시기 바랍니다.

이제 당신은 주님 앞에 서 있습니다. 당신의 모든 죄와 허물
을 털어놓으십시오. 그 후에 이렇게 끝맺으시기 바랍니다.

이 모든 것은 제 탓입니다. 은혜를 구합니다.
[죄인을 용서하라는 주님의 말씀대로]
저를 새롭게 해주시길 바랍니다.

---

* 예배와 관련 없이 일상에서 신자 간 고해와 용서가 가능한 방식이
다. 이는 종교개혁 정신의 모토인 '만인사제직'에 따라 루터교회 신
앙고백서인 1580년 「루터교 신앙고백서」Konkordienbuch에 채택되어
실렸다. 루터의 『소교리문답』 초판(1529)엔 포함되지 않았지만
1529년 비텐베르크 판을 확장한 증보 및 개정판에는 '교육받지 못
한 사람이 죄를 고백하는 방법'wie man Einfältigen soll lehren beichten이라는
항목이 포함되어 있고, 루터의 "조언과 지시"에 따라 이루어진 라
틴어판(1529)에서는 세례와 성만찬 중간에 '학교 교사들이 소년들
에게 가르쳐야 하는 가장 간단한 형식의 고해 형식'이라는 항목으
로 첨부되어 있다.

죄의 고백을 들은 성도는 어떻게 사죄 선언을 해야 합니까?
이렇게 말하십시오.

주님께서 당신에게 은총을 베푸시고
당신을 믿음을 강건케 하실 것입니다.
아멘.
당신은 그분께서 당신의 모든 죄를
용서하셨다는 것을 믿습니까?

네, 제가 믿습니다.

고백을 들은 성도는 죄를 고백한 성도에게 말하십시오.

당신의 믿음대로 될 것입니다.
이제 나는 우리 주 예수 그리스도의 명하심에 따라
당신의 죄가 사하여졌음을
성부, 성자, 성령의 이름으로 선포합니다.
아멘.
이제는 평안히 가십시오.

고해자가 양심의 가책이 심할 경우, 성경 구절을 인용하여
위로하고 믿음을 더해 주어야 합니다.

목사 안수 기도(1)*

주님, 당신은 하늘에 계신 자비로운 아버지입니다.
당신은 우리에게 "구하고 찾고 두드리라"
명령하셨고,
우리가 아들의 이름으로 부르짖을 때
"들을 것이라"고 약속하셨습니다.
당신의 약속에 기대어 기도합니다.
당신께서는 말씀의 종 ○○○를 세우시고,
이제 추수할 터전으로 보내십니다.

그를 도와주소서.
그가 교회를 위해 일하고 섬길 때
복을 내려주소서.

---

*   John W. Doberstein, ed., *Minister's Prayer Book* (Philadelphia: Muhlenberg Press, 1959), 212.

믿는 이들의 귀를 열어주시어,

당신의 복된 말씀이 사람들을 통과할 때

붙잡아 듣게 하소서.

당신의 이름이 존귀하게 찬양받고,

당신의 나라가 매일 넓어지며,

당신의 교회가 성장케 하소서. 아멘.

목사 안수 기도(2)*

교회 평신도 대표들과 장로들이 피안수자의 머리에 손을 올리고 주기도문을 함께 기도한 다음 이렇게 안수자의 대표가 기도한다.

추수할 것은 많은데, 일꾼이 적다. 그러므로 너희는 추수하는 주인에게 일꾼들을 그의 추수밭으로 보내시라고 청하여라. (마 9:37~38)

---

* '목사 임직 예식서'Ordinationsformel(1535), WA 38, 429~430.

주님, 당신께서는 이 명령을 주셨으니,

이 말씀에 따라 간절히 기도합니다.

당신의 모든 종과 이 자리에 있는 우리,

그리고 당신의 말씀에 순종하여

그 말씀 따라 살며 섬기기 위해

부름받은 모든 이에게 성령을 풍성히 부어주소서,

그리하여 복된 소식을 전하는

당신의 백성이 더욱 강건해지고,

마귀의 세계, 육의 세상에 저항할 믿음을 주시어

우리가 이 땅에 굳건히 서게 하소서.

우리를 통해 당신의 이름이 거룩하게 되며,

당신의 나라가 성장하며,

당신의 뜻이 우리 가운데 이루어지게 하소서.

또한, 당신의 이름을 모욕하고,

당신의 나라를 막아서고

당신의 뜻을 거스르는 교권주의자와 이단의

가증한 세력을 저지하고 막아 주소서.

우리에게 은혜를 베푸사 우리의 기도를 들어주소서.

당신이 우리에게 주신 명령과 가르침,

그리고 복된 약속을 믿고 신뢰합니다.

이 모든 것을 우리를 통해 이루어주소서.

성부와 성령과 함께 영원히 살아계셔서

우리를 다스리시는 우리 주 예수 그리스도의

이름으로 기도합니다. 아멘.

세례 기도[*]

진리의 빛으로 오신 주님,

당신은 거룩하고 영원하며

전능하신 아버지이십니다.

간구하오니 당신의 영원한 생명과 선하신 자비를

여기 있는 당신의 자녀 ○○○에게 베풀어 주소서.

이제 ○○○에게 세례를 베푸니

빛으로 깨우쳐 순전하고 바르고

거룩한 삶을 살게 하소서.

이 세례를 통해 당신께서 주시는

굳건한 소명과 바른 권면, 거룩한 가르침을

---

[*] '세례예식서'Taufbüchlein(1523), WA 12, 44, 30~36.

붙잡고 살게 하소서.

그리하여 당신께서 주시는 이 세례가

참으로 은혜 되게 하소서.

우리 주 예수 그리스도의 이름으로 기도합니다.

아멘.

마귀를 쫓는 기도*

주님, 당신은 전능하신 아버지이십니다.

당신은 당신의 아들을 통해

우리에게 말씀으로 약속과 명령을 주셨습니다.

"진실로 진실로 너희에게 이르노니,

너희가 무엇이든지 아버지께 구하는 것을

내 이름으로 주리라."(요 16:24)

"구하라 그리하면 줄 것이요."(마 7:7),

"환난 날에 나를 부르라.

그리하면 내가 너를 건지리니

---

* WA BR 11, 112, 16~25(Nr. 4120).

네가 나를 영화롭게 하리로다."(시 50:15)

우리는 참으로 무익한 죄인입니다.

그러나 당신의 자비로운 말씀과

아들이신 그리스도의 약속에 의지하여

믿음으로 기도하오니,

우리에게 힘을 주소서.

당신의 은총으로 악한 영을 물리치사

이 사람을 사로잡고 있는 사탄의 힘을

부수어 주소서.

그리하여 사탄에게 매인 이 사람을 자유케 하시고,

오직 당신의 이름만이 드높여지게 하소서.

거룩하신 성령이여.

당신께서 주신 믿음만이

이곳에 가득 차게 하소서.

우리의 주요 그리스도이신 예수께서

너와 함께 사실 것이며,

영원부터 영원까지 너를 통치하시리라! 아멘.

임직(안수) 기도 *

자비로우신 하늘 아버지!
당신께서는 사랑하는 아들 예수 그리스도를 통해
"추수할 것은 많은데, 일꾼이 적다"고
말씀하셨습니다.
이 거룩한 말씀에 기대어 간절히 기도합니다.
당신께서 소명하여 세우신 추수꾼에게
성령을 부어주시고,
함께 자리한 우리 모두에게도 복을 내려주소서.

주님, 안수받아 임직하는 ○○○에게 힘을 주소서.
교회 공동체와 함께 신실한 복음 전도자의 길을
걷게 하시되,
마귀와 육의 세계를 거부하며,
오직 당신의 나라와 그의 의를 구하며
주님의 거룩한 이름만 드높이게 하소서.

---

* WA 38, 429, 15~430, 33.

주님,

기도하오니 세례를 참담하게 만드는 이들과

당신의 나라를 파괴하는 무함마드주의자들,

그리고 당신의 이름을 저주하는

모든 세력을 멸하여 주소서.

그들이 당신의 종말을 보게 하시어

다시는 일어나지 못하게 하소서.

주님,

우리가 당신을 믿고 기대어 기도하오니,

이 시간 우리 모두에게 은혜를 베풀어 주소서.

임직하는 ○○○를 위해 기도합니다.

유일하신 성부와

성령과 함께 살아계시는

우리 주 예수 그리스도께서

○○○을 지금부터 영원토록

지키고 인도하시길 기도합니다.

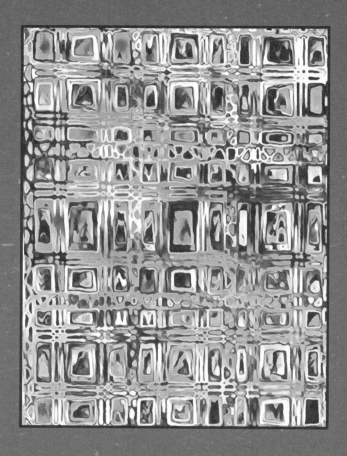

주님, 우리가 당신을 믿고 기대어 기도하오니,
이 시간 우리 모두에게 은혜를 베풀어 주소서.

오늘의 기도

사랑의 주님, 우리를 깨우소서.

대림*

너희는 주님의 길을 예비하고
그의 길을 곧게 하여라. (막 1:13)

사랑의 주님, 우리를 깨우소서.
그리하여 당신의 아들이 오실 때,
우리가 기쁨으로 맞이하고
정결한 마음으로
당신을 섬길 수 있게 하소서.
당신의 아들,
우리 주 예수 그리스도의 이름으로 기도합니다.
아멘.

---

* 대림절 둘째 주일 기도 '주님, 우리를 깨우소서'Lieber Herr Gott, wecke uns auf, WA 35, 552.

성탄*

한 아이가 태어났도다. 할렐루야

우리에게 아들을 주셨도다. 할렐루야. (사 9:6)

말씀이 육신이 되셨도다. 찬송하라.

그 말씀이 우리 가운데 거하는도다.

할렐루야. (요 1:14)

너희를 위해 오늘 구주가 나셨도다.

다윗의 동네에서 나신 그리스도 주님이다.

할렐루야. (눅 2:11)**

사랑의 주님, 저희를 도우소서.

사랑하는 아들의 몸으로 우리를 거듭나게 하시고,

그의 몸에 머물러 그와 함께 살게 하소서.

우리는 죄로 세상에 태어났습니다.

---

* 성탄절 셋째 주일 기도 '사랑의 주님 우리를 깨우소서'Liber Herr Gott wecke uns auf(1533), WA 35, 264.

** 세 성경 구절 중 하나를 택하여 사용한다.

그러나 당신을 통해 새롭게 거듭나게 하소서.

당신의 아들 우리 주 예수 그리스도의 이름으로

기도합니다. 아멘.

시므온의 노래[*]

주님, 이제 당신의 종을 평안히 떠나게 하소서.

내 눈이 주님의 구원을 보았습니다. (눅 2:29~30)

전능하고 영원하신 주님,

진심으로 당신께 기도합니다.

시므온은 아기이신 당신을 팔에 안고

주님으로 알아차려 고백했습니다.

우리도 시므온처럼

당신의 아들을 알아보고 찬양케 하소서.

당신의 아들 예수 그리스도의 이름으로 기도합니다.

아멘.

---

[*] 시므온의 노래 기도 '전능하시고 영원하신 주님, 진심으로 당신께
기도합니다' Allmächtiger ewiger Gott, wir bitten dich hertzlich, WA 35, 553.

그리스도의 고난을 묵상하는 기도[*]

> 그리스도께서 찔린 것은
> 우리의 허물 때문이고,
> 그가 상처를 받은 것은
> 우리의 악함 때문이라. (사 53:5)

자비롭고 영원하신 주님,
당신은 우리 죄를 대신하여
당신의 아들을 십자가에 내어주기까지
우리에게 아낌없이 주시는 분입니다.
우리에게 이 믿음을 주시어
어떤 일에도 두려워하거나 낙망하지 않게 하소서.
당신의 아들 예수 그리스도의 이름으로 기도합니다.
아멘.

---

* 사순절 기도 '자비롭고 영원하신 주님께서 외아들을 주셨다', WA
   35, 553.

수난 주간*

그가 징계를 받음으로써

우리가 평화를 누리고,

그가 매를 맞음으로써

우리의 병이 나았다. (사 53:5)

전능하신 아버지,

당신은 영원하신 주님입니다.

당신께서는 당신의 아들을 십자가에 내어주시고,

그 고통을 받아들이게 하셨습니다.

이 십자가 사건이 우리 안에 있는

대적자들의 권세를 몰아냅니다.

우리가 이 고난을 우리 죄의 용서로

받아들이게 하시고,

구원의 기쁨을 감사하게 하소서.

당신의 아들 예수 그리스도의 이름으로 기도합니다.

아멘.

---

* 사순절 기도 '전능하고 영원하신 주님, 우리를 위한 당신의 아들',
  WA 35, 553.

부활하신 구주 예수 그리스도[*]

그리스도께서 죽은 사람들 가운데서 살아나셨다.

그분은 다시는 죽지 않으신다. 할렐루야.

다시는 죽음이 그분을 지배하지 못하느니라.

할렐루야. (롬 6:9)

구주가 살아계심을 내가 아노라. 할렐루야

죽음의 땅에서 그분이 나를 깨우리라.

할렐루야. (욥 19:25)[**]

전능하신 주님,

당신께서는 당신의 아들을

죽음에서 일어나게 하시며,

죄와 죽음의 권세가

힘을 쓰지 못하게 하셨습니다.

아들의 부활을 통해

---

[*]   부활절 기도 '예수 그리스도 우리의 구원자'Jhesus Christus unser Hailand,
    WA 35, 553~554.

[**] 두 성경 구절 중 하나를 택하여 사용한다.

우리를 깨끗하게 하셨고,

우리에게 영원한 생명을 주셨습니다.

이제 우리가 마귀의 권세에서 풀려나

당신의 나라에서 영원히 살게 하셨습니다.

간절히 구하오니, 우리에게 이 믿음을 주셔서

언제나 당신께 감사와 찬양을 드리는

삶을 살게 하소서.

당신의 외아들 우리 주 예수 그리스도의 이름으로

기도합니다. 아멘.

그리스도의 승천[*]

그리스도께서 위로 오르셨도다. 할렐루야.

그분이 매인 자를 풀어주셨도다. 할렐루야. (엡 4:8)

내가 내 아버지, 곧 너희 아버지께 가노라. 할렐루

야 (요 20:17)[**]

---

[*] WA 35, 553~554.

[**] 두 성경 구절 중 하나를 택하여 사용한다.

전능하신 주님, 우리에게 믿음을 주소서.

당신의 독생자이며 구원자이신 그리스도께서

이날 하늘로 올라가셨고,

그분의 약속대로 우리가 성령 안에 거하고,

성령과 함께 살아감을 찬송하며 감사하게 하소서.

당신의 아들 예수 그리스도의 이름으로 기도합니다.

아멘.

성령 간구[*]

주님, 내 안에 정결한 마음을 창조하소서.

내 안에 정직한 영을 새롭게 하소서. (시 51:10)

사랑하는 아버지,

당신은 오늘 성령을 통해

당신의 신실한 백성의 마음을 열고 가르치십니다.

간절히 기도하오니,

---

[*] '성령강림절 기도' Heiliger Geist, WA 35, 554.

저희가 성령을 통해 바르게 깨닫게 하시고,

기쁜 마음으로 그분이 주시는

위로와 능력 안에 거하게 하소서.

당신의 아들 예수 그리스도의 이름으로 기도합니다.

아멘.

삼위일체 주님이 함께하신다*

성부, 성자, 성령을 찬양합니다. 할렐루야

지금부터 영세 무궁토록 찬송합니다. 할렐루야

전능하고 영원하신 주님,

당신은 같은 권세와 영광을 가진 세 위격이며

동시에 영원하신 한 분 주님이십니다.

우리에게 이 진리를 가르치셨고,

우리가 참된 믿음 가운데 깨닫고

고백하게 하셨습니다.

---

* 삼위일체주일 기도 '전능하시고 영원하신 주님이 우리를 가르치신
다' Allmechtiger ewiger Gott, der du uns geleret hast, WA 35, 554.

우리가 바로 당신을 향해 기도합니다.

우리에게 어떤 시련에도 흔들리지 않는

굳건한 믿음을 주시고,

영원히 다스리시는 당신과 함께 살게 하소서.

아멘.

자비를 구하는 기도*

주님, 내가 매일 당신을 찬양합니다.

당신의 이름을 끊임없이 올려드립니다.

전능하신 주님,

당신은 당신을 신뢰하는 모든 사람을

보호하는 분입니다.

당신의 은총이 없다면 아무 일도 못 하고,

누구도 당신 앞에 설 수 없습니다.

---

* 성령강림절 후 셋째 주일 기도 '전능하신 주님, 당신은 우리를 보호
  하시는 분입니다' Allmechtiger Gott, der du bist eyn beschutzer, WA 19, 86.

간절히 기도하오니,

우리에게 풍성한 자비를 베풀어 주소서.

그리하여 당신이 주시는 거룩한 마음과 능력으로

바른 일만 생각하고 옳은 일만 행하게 하소서.

우리 주 예수 그리스도를 보시고 우리를 도우소서.

아멘.

성찬 기도*

> 여러분은 이 빵을 먹고 이 잔을 마실 때마다, 주님
> 의 죽으심을 그분이 오실 때까지 선포하십시오.
>
> (고전 11:26)

오, 사랑의 주님,

당신께서는 이 성찬을 통해

당신의 수난을 기념하고 선포하라 명령하셨습니다.

또한, 당신의 살과 피를 우리에게 주시며

---

* 성찬 기도 '주님을 찬미하라'Gott sei gelobet und gebenedeiet, WA 35, 556.

이것을 누리게 하셨습니다.

간절히 기도하오니, 우리에게 주신

당신의 구원을 깊이 깨달아

일상에서 풍성히 열매 맺게 하소서. 아멘.

수찬 감사기도[*]

전능하고 거룩하신 아버지,

이 신비한 성찬의 은혜로

우리를 새롭게 하여 주심을 감사드립니다.

당신의 자비를 구하며 기도하오니,

이 성찬을 통해 우리를 더욱 강건케 하사

당신을 향한 믿음과

이웃을 향한 사랑 가운데

살게 하소서.

우리 주 예수 그리스도를 보시고 우리를 도우소서.

아멘.

---

* 수찬 감사기도 '전능하신 주님께 감사드립니다'Wir dankcken dir, almechtiger herr gott, WA 19, 102.

평화를 구하는 기도*

주님, 당신의 나라 모든 곳에 평화를 주소서.

모든 백성에게 건강과 평화를 주소서.

주님, 당신은 우리에게 거룩한 소망을 일깨우며,

유익한 권고를 주고, 의로운 행동을 하게 만드는

하늘 아버지이십니다.

당신의 종들에게 세상이 줄 수 없는 평화를 주소서.

그리하여 우리의 마음이 당신의 명령에

견고히 붙어있게 하소서.

원수의 위협에서 안전히 보호하여 주시고,

평안히 지내게 하소서.

당신의 아들 우리 주 예수 그리스도의 이름으로

기도합니다. 아멘.

---

* 평화의 인사Pax 다음 기도 '거룩한 용기를 주시는 하늘 아버지'Herr
Gott, himmlischer Vater, der du heiligen mut, WA 35, 233.

송영 기도 Te Deum [*]

주님께 감사하여라.

그는 선하시며,

그의 인자하심은 영원하시다. (대상 16:34)

주님, 당신은 늘 풍성한 선물을 주시며,

모든 악에서 우리를 지켜주시는

하늘 아버지이십니다.

진심으로 기도하기는,

당신의 성령이 내주하시는 참된 믿음 안에서,

귀하고 선하신 당신의 사랑과 친절

그리고 따스한 자비를 진심으로 받아들이게 하소서.

이제로부터 영원무궁토록

당신께 감사와 찬송을 드립니다.

당신의 아들 우리 주 예수 그리스도의 이름으로

기도합니다. 아멘.

---

[*] 송영 '거룩하신 아버지, 그의 인자하심이 영원하시도다'Herr Gott, himmlischer Vater, von dem wir ohne unterlass, WA 35, 249.

하늘에 계신 우리 아버지[*]

구하라 그리하면 받을 것이요,

그로 인해 너희 기쁨이 충만하리라. (요 16:24)

환난 날에 나를 부르라.

내가 너를 건지리니

네가 나를 영화롭게 하리로다. (시 50:15)[**]

전능하신 주님,

당신은 가련한 사람의 탄식을 외면치 않으시며,

시련 가운데 놓인 사람의 소원을

가볍게 보지 않으십니다.

당신께 기도하오니,

은혜 가운데 우리의 기도를 들어주소서.

그리하여 우리를 대적하는 모든 마귀와 악한 무리가

당신의 선하신 섭리 가운데 무너지고

---

[*] 루터교회 옛 찬송집(1529)에 나오는 '주기도 찬송' 다음 이어지는 기도 '하늘에 계신 우리 아버지'Vater unser im Himmelreich, WA 35, 555.

[**] 두 성경 구절 중 하나를 택하여 사용한다.

먼지 되어 흩어지게 하소서.
또한, 우리가 모든 유혹에서 해를 입지 않고
당신의 교회에서 감사드리며 늘 찬양케 하소서.
당신의 아들 우리 주 예수 그리스도의 이름으로
기도합니다. 아멘.

탄원 기도[*]

주님,
당신은 죄인의 비참한 죽음을 기뻐하지 않고,
멸망 대신 그 길을 돌이켜
돌아오길 바라시는 하늘 아버지입니다.
진정으로 간구하오니,
우리의 죄를 형벌로 내리치지 마시고,
우리가 회개하도록 당신의 사랑과 자비로 감싸소서.
우리 주 예수 그리스도를 보시고 우리를 도우소서.
아멘.

---

[*] WA 30/III, 35.

우리를 구하소서[*]

주님,

당신께서는 겸손한 자의 소원을 들어주시나이다.

당신께서 귀 기울여 주실 것을

저들의 마음에 확신하나이다. (시 10:17)

네가 부르기 전에 내가 응답하겠고,

네가 말하기 전에 내가 들을 것이라. (사 65:24)[**]

주님,

당신은 우리가 연약하여 수많은 위험 앞에

흔들린다는 것을 잘 아시는 하늘 아버지이십니다.

우리의 영과 육을 강건케 하사

궁지에 빠뜨리는 죄를 이겨내도록

우리를 도와주소서.

우리 주 예수 그리스도를 보시고

우리를 도우소서. 아멘.

---

[*] WA 30/III, 36.

[**] 두 성경 구절 중 하나를 택하여 사용한다.

성령이시여, 교회를 거룩하게 하소서[*]

전능하고 영원하신 주님,

모든 교회를 당신의 성령으로 거룩하게 하소서.

진심으로 간구하오니,

이 교회에 속한 모든 지체가

은총과 믿음 가운데 당신을 온전히 섬기게 하소서.

당신의 아들 우리 주 예수 그리스도의 이름으로

기도합니다. 아멘.

---

[*] 교회를 위한 기도 '성령이시여, 교회를 거룩하게 하소서'Allmächtiger
Ewiger Gott, der du durch deinen Heiligen Geist, WA 30/III, 3.

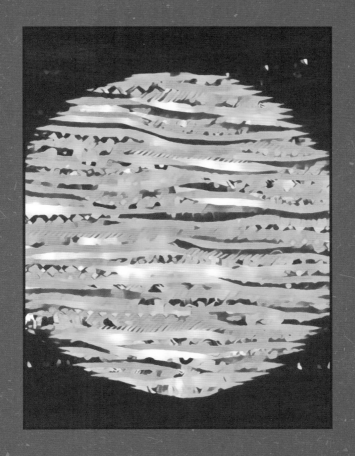

전능하고 영원하신 주님,
모든 교회를 당신의 성령으로 거룩하게 하소서.

프로테스탄트의 기도

초판 1쇄 ｜ 2020년 9월 4일
　　2쇄 ｜ 2021년 3월 30일

지은이 ｜ 마르틴 루터
옮긴이 ｜ 최주훈

발행처 ｜ 비아
발행인 ｜ 이길호
편집인 ｜ 김경문
편　집 ｜ 민경찬
검　토 ｜ 김준철 · 손승우 · 양지우
제　작 ｜ 김진식 · 김진현 · 이난영
재　무 ｜ 이남구
마케팅 ｜ 양지우
디자인 ｜ 손승우

출판등록 ｜ 2020년 7월 14일 제2020-000187호
주　소 ｜ 서울시 강남구 봉은사로 442 75th Avenue 빌딩 7층
주문전화 ｜ 010-7585-1274
이메일 ｜ innuender@gmail.com

ISBN ｜ 979-11-971201-3-8 03230
한국어판 저작권 ⓒ 2020 ㈜타임교육 C&P

* 값은 뒤표지에 있습니다. 잘못된 책은 구입하신 곳에서 바꾸어 드립니다.
* 비아는 ㈜타임교육 C&P의 단행본 출판 브랜드입니다.